现代城市公共服务创新研究

李梅娟 ◎ 著

吉林出版集团股份有限公司
全国百佳图书出版单位

图书在版编目（CIP）数据

现代城市公共服务创新研究 / 李梅娟著. -- 长春 : 吉林出版集团股份有限公司, 2023.3

ISBN 978-7-5731-3137-9

Ⅰ. ①现… Ⅱ. ①李… Ⅲ. ①城市—公共服务—研究—中国 Ⅳ. ①D669.3

中国国家版本馆CIP数据核字(2023)第063215号

XIANDAI CHENGSHI GONGGONG FUWU CHUANGXIN YANJIU

现代城市公共服务创新研究

著　　者　李梅娟
责任编辑　张婷婷
装帧设计　朱秋丽
出　　版　吉林出版集团股份有限公司
发　　行　吉林出版集团青少年书刊发行有限公司
地　　址　吉林省长春市福祉大路 5788 号（130118）
电　　话　0431-81629808
印　　刷　北京银祥印刷有限公司
版　　次　2023 年 3 月第 1 版
印　　次　2023 年 3 月第 1 次印刷
开　　本　787 mm × 1092 mm　1/16
印　　张　8.25
字　　数　200 千字
书　　号　ISBN 978-7-5731-3137-9
定　　价　76.00元

前 言

习近平总书记在党的十九大报告中提出，中国社会主要矛盾已经转变为人民日益增长的美好生活需要和不平衡、不充分的发展之间的矛盾，并将解决这一主要矛盾作为党和政府今后工作的主要方向，还提出了解决这一矛盾的系列举措，为我们的工作指明了方向。随着我国城镇化水平的不断提高，充分利用各种资源、各种平台、各种途径，最大限度地满足城市居民不断升级的公共服务需要，也是新时代我国社会主要矛盾的体现和通过解决主要矛盾来满足人民群众对于美好生活向往的内在要求。

城市化是现代化的重要体现，产业的培育、升级和积聚，要素和资源围绕产业经济活动在一定空间范围内的集中，尤其是人才、人力和人口对城市的融入，带来的不仅是城市空间形态的改变，也是对城市的公共服务功能提出了更多需要和更高要求。在此背景下，充分利用现代科技革命中以大数据和云计算，以及人工智能技术为基础的智能化时代优势，构建城市公共服务平台，以更好满足城市居民的公共服务需要，推进城市国家治理能力和治理体系的现代化，成为现代化进程中城市化推进和市民社会发展的必然需要。

为了提高本书的学术性与严谨性，在撰写过程中，笔者参阅了大量的文献资料，引用了诸多专家学者的研究成果，因篇幅有限，不能一一列举，在此一并表示最诚挚的感谢。由于时间仓促，加之笔者水平有限，在撰写过程中难免出现不足之处，希望各位读者不吝赐教，提出宝贵的意见，以便笔者在今后的学习中加以改进。

目 录

第一章　现代城市公共服务概述

第一节　城市公共服务体制研究的背景与现实意义

城市公共服务体制问题的提出，是城市经济变迁和政府角色调整的必然结果。

在世界范围内，城市作为全球经济发展的节点，发挥着越来越重要的作用。在经济全球化的背景下，城市已经成为全球经济运行网络最基本的单元，一些国际性的大都市对全球资源的吸引和强大配置能力，使其成为所在国家在国际事务中的制高点。另外，层出不穷的社会发展问题和越来越大的环境压力也集中在人口高度密集的大城市中。近年来，从全球的范围来看，几乎所有的城市发展都毫无疑问地跨越了原有城市行政区的界限。伴随着城市基础设施升级的需求，城市增长和分散化的范围已经超越了地方政府可能管理和服务的区域。这激发了人们对当代大城市治理模式的重新思考，有关城市治理（Urban Governance）及公共服务的研究也成为西方学术界最近几年的研究热点。

由“新公共管理运动”带来的政府改革，是促成城市公共服务体制研究的另一个现实背景。自 19 世纪 70 年代末以来，改革政府或重塑政府已成为世界性现象和世界潮流。这场运动发端于英国，随后是澳大利亚、新西兰、美国、加拿大及欧洲大陆等许多国家和地区。20 世纪 90 年代后，亚洲的日本、韩国、菲律宾等也加入这场政府革新的浪潮。“新公共管理”的核心是民营化。在 E.S. 萨瓦斯看来，它是“一系列改革的通用标签，其最显著的特征是将市场机制引入行政领域。……民营化显然属于新公共管理的主流，体现了新公共管理的所有特征。……从这个意义上讲，民营化就是新公共管理”。

作为一种变革战略，民营化不仅是一个管理工具，更是一个社会治理模式的核心要素。它根植于一个最基本的理念，即民营化是改善政府的要径和社会治理的基本战略。在城市领域，民营化为城市公共服务领域引入竞争机制提供了条件。实践证明，城市公共服务领域引入竞争是增加有效供给、提高效率、改善服务质量的最有效的手段。在城市公共服务体制研究中，一个关键的问题是，政府与非政府之间及其内部各种力量相互作用。因此，如果没有民间力量的广泛介入，就很难达到提高公共事务治理效率的目的。

在中国，城市公共服务体制的研究有更突出的现实意义。

首先，随着我国城市化步伐的加快，对城市公共服务提出了更加迫切的需求。目前，我国正处于城市化发展的加速期，这个时期的一个基本特征就是，在人口向城市聚集的过程中，要求道路、住房、供水、供电等公共设施和教育、公安、消防等公共服务，能满足人口和用地规模膨胀的需要。同时，在各种城市功能向外分散的过程中，要求城市的公共服务，在空间上通过公路、铁路等的延伸及供水、供电、通信等公共服务网络的增加，来加强城市机能。正如日本学者山田浩之指出的：从城市的本质来说，公共需要的增大不能不说是必然的。公共需要量的增长趋势，其中是包含着质的改变的。随着收入水平的提高，消费生活的改善，市民对公共服务消费的需求也增加起来。

其次，城市公共服务体制的滞后，严重影响了城市可持续发展。城市化是我国经济增长的强大推动力量，满足城市化要求的基础性条件是城市公共经济增长和城市可持续发展的必然要求。然而，城市化进程中存在的道路拥挤、住房紧张、生态环境恶化，以及水、电、气短缺，就业压力、社会保障、子女教育等方面的问题，都与城市公共服务的供给及其市场的整体运营直接相关。如何通过改善城市公共事务治理结构，促进城市经济增长，推动我国城市化进程，从而为城市可持续发展创造良好的基础条件，是我们面临的重大课题。

最后，城市公共服务体制的研究是公共领域改革的迫切需要。传统体制下，城市公共服务体制是一元的公共服务供给模式。然而，20 世纪 70 年代末以来，整个中国的经济结构和社会结构发生了历史性的重大变革。在这场变革中，中国城市的经济和社会组织方式、人民的生活方式都发生了根本性变化。在这种形势下，重新构筑一个能够与市场经济要求相适应并符合中国国情的新型城市公共服务体制，就成了当前转变政府职能、推进政治体制改革的一项紧迫任务。加强城市公共服务体制的研究，有助于拓宽我们在城市公共领域改革方面的视野。

第二节 城市公共服务体制研究的进展与不足

有关城市公共服务体制的研究，尤其是有关大城市的治道变革的研究文献近年来陆续发表了许多，如埃莉诺·奥斯特罗姆的《公共事务的治理之道》(Ostrom，2000)、巴罗的《大城市政府》(Barlow，1991)、巴尼特的《破裂的大城市》(Bennett，1993)、洛巴拉特的《大城市管治：美加大城市政府透视》(Rothblatt and Sancton，1993)等。总结国外学者的研究，有关城市公共服务体制的研究大多集中在如下几个方面。

一、城市公共服务模式

不同背景下的不同城市，以及同一背景下不同的城市部门，服务模式是不同的。在某一地方背景下，城市公共服务的建构和定向，反映了所有的准则、价值观、信念和常规。因此，皮埃尔 Pierre(1999)将西方种类繁多的城市公共服务方式归纳为四种一般模式：管理模式(Managerial Model)、社团模式(Corporatist Model)、支持增长模式(Progrowth Model)和福利模式(Welfare Model)。他的分类方式并非现有文献中唯一的分类方式，却是目前所知最精练的。这四种模式皆为理想模式，在实际中，会出现一种或一种以上的与城市公共服务模式相吻合的情况。需要强调的是，城市行政的不同部门可能会支持不同的模式，这些模式往往还有冲突。一些模式明显地与某些部门更相关。随着时间的推移，城市公共服务体制可能会从一种模式转变为另一种模式。

二、城市公共服务机制

治理机制是城市公共服务体制的核心问题，它直接地体现城市公共服务体制的本质。城市公共服务机制包括：(1)自组织(Heterarchy)的调节方式。自组织的典型逻辑就是谈判的逻辑，谋求通过谈判实现共同目的。(2)多样化的行为者(Actors)。现代社会不应由政府进行垄断统治，而应该由三方行为者共同参与：政府部门、私营部门及第三部门(非营利组织)。(3)互动过程(Interactive Process)。即治理过程是各种利益集体的相互依赖、相互作用的过程。(4)元治(Meta-governance)角色。元治即“自组织的组织”，它解决的是如何组织自组织过程的问题。

三、城市政府角色

新理论表现为对地方政府角色和职能定位的重新认识和塑造。具体表现为政府战线的“全方位退却”和市场价值的回归，表现为公共服务的市场化和社会化，表现为由政府“掌舵”而不是“划桨”。这种理念的背后，是政府功能重组的呼声。当然，城市政府功能重组的激发因素主要来自对自身竞争力、保持经济增长水平和经济活力、基本税收，以及来自其他城市和区域强有力的竞争压力。城市政府角色的转换与功能重组，展示了西方“政府管理的新愿景”。

四、城市区域治理

在经济全球化的时代背景下，城市发展的空间地域系统也正经历着结构性调整。一个最为显著的现象，就是城市新区（New Urban Region）的出现。这种新城市区往往地处中心城市间的交通走廊地带，其非农产业发展迅猛。新城市区的出现，在一定地域空间范围内形成了一个高密集、高城市化的巨型地域空间系统，同时，城市发展和服务需求也扩展到原城市行政界限之外。面对这种新城市区带来的挑战，城市政府管理和服务这样一个快速扩大的城市外壳（Urban Berg）是非常困难的。于是，针对城市区域治理的研究应运而生。这种研究主要集中在城市区域治理的模式方面，亦即合并大城市地区，还是组建区域服务供给伙伴关系，抑或进行正式的双层次政府结构的建设。不管是哪种方式，都是为了帮助城市加强对包括新城市区在内的大城市区域进行治理，寻找促进其经济发展的途径。

因时间较短，上述研究尚未形成完整的理论体系。正如杰索普所言，“治理”理论几乎仍停留在“前理论”阶段(Jessop, 1995)。城市公共服务体制的研究也是如此，它包含大量社会科学的主要概念和范式，导致城市公共服务机制常常要在几个迥异的或支离破碎的问题中运作。这反映在城市公共服务模式的类型很多，因为有极其繁多的、为不同目的而建立起来的运行机制，可是所有这些类型的“模式”，对其应该包括什么、不应该包括什么，至今仍众说纷纭。

迄今为止，我们仍然缺乏一套理论框架来对复杂的城市公共服务体制进行全面的把握。埃莉诺·奥斯特罗姆虽然在这方面进行了开创性的研究，给貌似无序的公共服务系统提供了一个可以理解的框架。但他偏重的是城市中某一公共系统（警察服务系统）的研究，而对整个城市公共事务管理体制的内在有序结构鲜有论述。而且大多公共服务的研究都是以西方的公共管理为背景的，它所要解决的实际问题也自然是“西方化”的，因此具体的结论不能完全照搬到中国来。国内学者也少有对城市公共服务体制进行系统的研究。他们的研究或集中于宏观的事业管理领域，或偏向于微观的社区公共服务方面，城市框架下研究公共服务体制显然是一个薄弱环节。因此，这个领域的研究面临着全面的理论创新。

第三节　城市公共服务体制研究的思路与框架

广义地说，我们的中心论题，是研究不同制度下城市公共服务行为主体如何在特定的约束集合下配置公共服务资源，借以满足其特定的公共需求的。这一叙述隐含着以下三点：第一，任何公共服务行为主体都是一定的“利益承担者”，它的行为是利益指向的；第二，公共服务资源的配置也是人们在不同的约束条件下权衡利弊，进行选择的过程；第三，在这种情况下，我们的中心任务，是分析不同的制度安排和不同的激励机制对公共服务资源配置效率的影响，以及它们对城市经济运行和发展过程的影响。

在笔者看来，传统城市公共服务体制模式的一个重要特征，是普遍存在着低效率。这种低效率可以归结为特定体制框架下公共服务行为主体追求利益或效用最大化的结果，同时也可以归结为特定的公共服务资源配置机制、激励机制所导致的结果。因此，把公共服务的行为主体分解为服务链中的三个角色：提供者、生产者和消费者。研究三者构建的制度关系和良好的互动过程，探讨每个角色回应不同的制度激励，进而考察提供公共服务的不同机制，或可替代的制度安排效率，是一个富有挑战性的课题。

从这个意义上说，城市公共服务体制实际上就是一种制度结构，它提供了一种激励机制，从而约束着人们的偏好、目标及行为方式。不同的城市公共服务体制模式体现着不同的制度安排，使得行为者面临不同的机会和利益，从而影响着人们的有效选择。因此，我们把制度安排与效率联系起来，系统地考察两者之间的关系，可以把城市公共服务体制问题置于更宏大的背景下进行分析。

这是我们的基本思路，运作这个新的分析框架，可以更好地理解、评价城市治理结构，分析公共服务的供给效应，寻求适应我国市场经济体制的城市公共服务体制改革的路径及其政策取向。

第二章　城市社区服务

第一节　国内城市社区的主要模式

一、国内城市社区管理模式

社区是整个社会治理的基础环节，在实现经济和社会的发展，以及维护国家的稳定等方面发挥着基础作用。英国学者吉登斯说:“社区这一主题是新兴政治的根本所在。”管理是任务，是一门学科。管理就是设计并保持一种良好的环境，使人们在群体里高效率地完成既定目标的过程。中共十八届三中全会提出了“全面深化改革的总目标是完善和发展中国特色社会主义制度，推进国家治理体系和治理能力现代化”。因此，对于我国城市社区管理模式的研究有着更加重要、积极的意义。

在单位制的时代，国家处于计划经济时期，社区的管理全由单位负责，非常具有中国特色的社会现象。单位对于我国城市居民具有非常重要的意义，单位同时也是居民生活依附之所在。所有居民的生老病死、衣食住行都与单位息息相关。随着市场经济的逐步确立，市场主体呈现多元化，社区治理的意义逐步显现。在公共管理之前，还曾流行另一术语——公共行政（Pub1ic administration），它强调政府部门通过法律及其执行，而对公共事务进行管理的活动，对于社区管理需要政府在其中发挥一定的作用。在我国现行的社区管理模式中，根据政府及其自治在其中发生作用的不同，而把社区的管理模式分为政府主导型、社区主导与政府支持相结合型、政府推动和社区自治相结合型、政社分离居民自治型。

（一）政府主导型

政府主导型的社区治理主要以上海为代表。上海的模式主要为“两级政府、三级管理、四级网络”，社区的管理由领导系统、执行系统、支持系统构成。

上海的做法是将社区的管理定位在街道，将过去党政的权力下放到街道办事处，通过政府推进社区发展。在这种治理模式下，政府不仅派出机构和职能部门对社区规划和管理发挥着领导的作用，同时还会协调社会性组织和居民志愿参与，借助行政力量培养居民的自治能力与意识，推动居民参与治理社区的各项治理事务。该模式的主要特点如下：一是党与政府在其中起绝对主导的作用。街道党工委在管理社区内具有决策权、干部任免权、重大事项决策权、党风政绩监督权、基层党组织和党员管辖权。而街道办事处有部分城区规划时的参与权、属地管理权等。二是加强社区管理的执行力度。社区里的各个委员会，会对社区内的社会发展和建设工作进行协调和管理，协助党工委加强对社区治安的综合治理工作。三是发挥社区居民及群众组织的积极性。社区服务咨询协商委员会由各代表组成，运行方式与社区居委会类似。社区内的自治监督机构的小区事务监督委员会，对居委会及成员的工作进行评议。

（二）社区主导与政府支持结合型

社区主导与政府支持相结合的模式，主要是实行政府同社区在管理中的分权改革。2000 年，武汉市江汉区开始推行政府职能社区化的实践。其主要特点是，社区主导，政府给予支持。其把重心下放到社区，先明确政府和社区之间的关系，定位政府的行为边界，创新体制推动政府职能上的改变，实行社区自治。通过社区内的协商和选举构建社区自治组织，而把政府只看成社区管理的外在动力，把社区内的组织当成社区治理的内在动力。这种模式有几个最主要的特点：一是确定居委会同街道，以及政府的指导部门的职责，明确监督与服务的关系，保障居委会自治的实现，建立激励居民自治的机制；二是政府的职能面向社区，工作中心下移；三是费随事走，权随责走。政府提供社会服务社区转移时，工作经费也必须同时转移。政府需要社区居委会协助处理与居民利益有关的事务，政府部门必须为社区提供权力和经费；四是责任到人，监督到人。

（三）政府推动与社区自治结合型

政府推动社区自治相结合的方式，主要是指沈阳的社区治理模式。沈阳市作为重工业基地，在计划经济向市场经济转型时期，共有 50 万名下岗职工和近 70 万名离、退休职工逐步被抛离出既定的轨道。社会矛盾和问题给沈阳市的社会管理带来了巨大的挑战。在此种背景下，沈阳市推动了从行政管理过渡到社区自治管理的改革，使社区成为居民自治管理的载体。

沈阳市对社区进行划分和调整，将社区定位在街道办事处和居委会之间，依据地缘关系、居民认同、管理效能等将社区划分为“斑块型社区”“小区型社区”“单位型社区”“功能型社区”。然后根据其建立出新的社区组织体系，这个体系分为社区管理的领导者、社区管理的决策者、社区管理的执行者、社区管理的协商议事者。社区的领导者是社区党组织，他们由社区党员大会或者党员代表大会选举产生。社区管理的决策者由社区单位代表和社区的居民组成，他们是社区管理的最高权力机关，每年定期召开会议，决定社区内的各种事项。社区管理的执行者是社区委员会，他们完全由选民投票选举产生，取代居民委员会，但居委会的名字仍然保留。社区委员会由户籍民警、物业、招选人员等组成，负责向社区成员代表大会报告工作。社区管理的协商议事者成员由社区代表大会或者聘任产生，主要由社区内人大代表、政协委员、知名人事、单位代表、居民代表构成。其职能在代表大会期间行使，并且有权对委员会的工作提出建议和监督。

此模式最大的特点就是，借鉴了我国基本政权机构的设置和国家层面政权机构的权利与义务关系，既依靠政府，也依靠民主的力量。

（四）政社分离居民自治型

青岛市创新了基层社区治理的模式，它的特点是以民政系统为主导的，以社区服务为重点，实行的是政社分开、居民自治。居委会、街道、区各成社区，并且建立了三级的组织机构。区一级成立的是建设指导委员会，街道建立了社区建设协调委员会，居委会成立社区建设管理委员会。民政部门发挥协调协助的作用，对平级的部门做好协调和沟通的工作，还要承担起培养典型、评比先进、督导工作的责任。

此外，青岛市社区管理还成立了区、街道、居委会三级的社区服务中心，以社区服务为重点，通过提升服务功能、公共管理功能、稳定功能、文化教育功能等社区功能发展社区，将城市管理转化为服务。

二、国内社区营造模式

伴随着我国城市化速度的放缓，城市规划关注的主题从增量规划转向存量规划。党的十九大指出，我国社会矛盾转化为人民日益增长的美好生活需要和不平衡、不充分的发展之间的矛盾。城市社区作为人们生活的主要场所，这种矛盾尤为突出。

社区营造契合了当前城市和社会发展的主要方向，为解决美好生活需求和不平衡、不充分发展之间的矛盾提供了新思维和新机遇。

在我国改革开放后的快速城市化中，城市生活中人与人、人与环境之间的疏离感越来越强，居民甚至无法察觉自己身边发生的事。社区营造是为了在目前冷漠与疏离的邻里中恢复或重建“社区感”，而进行持续社区培力的过程。社区营造的目的是营造美好家园和实现社区永续发展，其最终目标是营造“新社会、新文化、新人”。

（一）社区营造相关概念界定

“社区”最早出现在德国社会学家斐迪南·滕尼斯的代表作《共同体与社会——纯粹社会学的基本概念》一书中，是指通过血缘、邻里和朋友关系建立起来的人群组合，即聚居在一定范围内的人们所组成的社会生活共同体。夏铸九教授认为，拥有社区意识的人才是社区的主体，没有这样的主体，就不会有社区存在。即拥有社区意识的人，才是社区的主体。

各学者对社区营造的概念定义各不相同。社区发展问题既是社会领域的问题，又离不开空间组织及物质设施环境。相应地，社区营造通常包括社群和社区两个层面的内容，一个侧重于居住在同一地区人们之间的关系和情感联系，另一个侧重于人们与生活环境之间形成的社会与心理联系。

在“社群”层面，赵民、张天洁等学者着重强调社区营造是自组织的过程，主要探讨社区营造中不涉及立法、制度的居民自组织过程；张婷婷、莫筱筱等学者既强调人与人关系的营造，也重视法律、规则等制度的确立。

在“社区”层面，学者黄瑞茂侧重将社区营造落实到真实空间中，即通过空间设计的手段带来生活上的改变。赵智慧、刘雨菡等学者重点关注艺术介入社区营造物质空间的过程。

在众多学者的社区营造概念中，可以辨析出两个层面的内容，即构建人与人之间、人与地之间关系的内容。“社区营造”的英语表述来看，前者对应于“Community Empowerment”（社区培力），后者对应于“Community Building”或“Community Development”（社区建构与发展）。

综合以上观点，本节认为可以将“社区营造”概括为：依托社区物质与非物质环境改善行动、提升社区的社会资本及实现社区培力、社区自组织和自治理的过程。

（二）社区营造实践现状

我国在社区营造方面开展了很多实践，例如北京地区的“清河实验”、北京大栅栏地区对老旧街区的社区建设研究的实践等。北京市城市规划设计研究院赵幸等学者在北京东四南历史街区开展的社区营造实践——史家胡同的社区营造聚焦于胡同风貌环境改善和社区精神凝聚，调动当地居民参与其中，为共同家园的营造贡献自身力量。重庆大学黄瓴等学者在重庆地区开展了一系列社区更新研究与实践，着力于修补规划及社区营造。广州以李郇、邓昭华、叶敏等学者为代表，对于社区营造进行了一定的实践探索。例如，中山大学李郇以“美好环境与和谐社会共同缔造”为主题，8 年来在云浮、厦门等地发动群众共同参与社区公共事务，增强认同感、归属感。广州竹丝岗社区在学者叶敏、何志森的带领下积极通过艺术介入社区及工作坊等形式培育“社区感”。上海以学者李彦伯为代表，在“郇坊里弄”开展社区营造项目，激发社区营造新活力，完善社区治理新体系。成都市社治委正着力推动成立社区基金会，并已经发布了《关于进一步深入开展城乡社区可持续总体营造的实施意见》。

我国社区营造的实践还处于起步阶段，有关社区营造的实践成功案例也不多。目前，社区营造的实践集中在一线城市，对乡村社区和新城镇问题关注不足。同时社区营造相对缺乏本土地区的独创性，基本沿袭我国台湾社区的成功模式，缺少对社区营造的内在动力和外在约束条件的研究。在营造的工作内容上，主要聚焦于物质环境改造，对制度创新和社会资本培育尝试较少。

（三）社区营造研究现状

目前，国内围绕社区营造的研究主要在社区营造的基础理论、行动模式和具体方法三个领域展开。

1. 社区营造的基础理论：社会资本与公众参与

学者唐杰通过对社区资本概念的引入，阐述了社区营造的关键在于社会资本的积累。研究提出，社会资本主导重建将是未来社区的发展趋势，以南京景明佳园社区营造为例，说明在培育社区资本的过程中构建第三方平台的重要性。学者张婷婷指出，居民的责任感和认同感来自政府主体培养，研究从我国台湾社区营造演变出发，指出成功的主要方面：积极完善基础设施建设，鼓励公众参与，多方协作形成合力机制。其本质是让人民当家做主，实现社区赋权、人民赋权的过程。

社区营造的基础理论主要来自社会资本和公众参与两个领域。社会资本与自组织理论的研究，采取偏于宏观和社会的视角，更强调自上而下的治理手段，通过政策或制度设计培育社区资本，改善社区生活。公众参与规划设计，偏向微观和行动，借助环境塑造或社区活动，调动居民参与社区生活的积极性。

在社区营造的原生理论探索方面，较为突出的是清华大学社会学系教授罗家德创办的国内第一个专注于“社区营造”的研究中心——清华大学社科学院信义社区营造研究中心。该中心成立于2011年，介绍我国台湾社区营造实践与研究成果，组织编写“社区营造书系”，以推广社区营造的理念。

2. 社区营造的行动模式

社区生活介入类型。台湾学者黄瑞茂认为，社区营造是一种社会运动和共同的社会经验。这种社区生活介入的社区营造帮助规划、设计、管理等领域的专业人员，在许多真实的规划场所中逐渐认识到社会结构性问题，感受社会环境变动下的社区培力与实践的可能性，继而主张有效地以专业技能与认知介入社区环境改造工作。

艺术介入类型。学者赵智慧从艺术介入的背景出发，搭建艺术介入新农村社区营造的框架，剖析我国台湾台南市土沟社区营造实践的经验，以艺术介入的方式进行社区营造，一般是从文化历史重建与文化艺术的角度介入社区发展，强调社区参与，整合地方文化、社会与经济等资源，解决整体环境所面临的问题。

灾后重建类型。学者梁艳研究指出灾后社区营造不仅仅是满足短期的生活需求的营造，更应以人为本，重视乡村居民的精神文明建设，使人的生活生产方式与社区的形式建设同步进行，本质是充分利用社区各种资源，使社区主体充分参与社区发展过程。重建时，不仅仅要考虑地域、风貌、文化、产业等方面的差异，还要考虑村民、援建者、政府等不同主体对于重建思路及发展诉求的差别。

历史古迹保护类型。学者魏成强调地区民众是古迹保护的主体，指出20世纪90年代以来的社区总体营造和文化政策转变，对台湾地区古迹保护起了关键的推动作用，扭转了过去相对保守与静态的旧有保护观念，为古迹保护注入了新的活力。此类型的社区营造将为历史古迹的可持续保护提供支持。

以上社区营造的四种行动模式类型代表了目前绝大多数社区营造行动的方向。四种模式虽各不相同，但其目的却有一致性：改善社区中人与人的关系，协调社区中人与环境之间的关系。一方面通过这些行动，积累社区营造的影响力，让更多的人参与到社区营造中来；另一方面通过这些方式为社区营造注入更加丰富的内涵。

3. 社区营造的具体流程、方法

不同学者提出的社区营造流程都包含几个关键步骤：①需要对现有的社区资源进行整体的评价和梳理；②培养社区营造专业人才，引领社区未来的发展方向；③选择社区发展的切入点是从培育人开始，进而改变环境或从改善环境开始，培育社会资本。其中关键的是启动阶段，明确的动机是社区动员的必备要素。

各地社区营造较多采用了参与式社区工作坊的形式，从内容看可明显分为两类。①以社区软体营造为主体，工作坊的主要内容有发行社区刊物、举办社区读书会、撰写社区历史、社区艺术展览等。学者梁艳在我国台湾台中埔里镇桃米社区的案例研究中，通过推行环保运动、开发社区研习班的方式来进行社区营造，"清溪活动"组织居民对拥堵的溪水进行清理，恢复本来的生态面貌，激发居民的自我意识觉醒。②以社区硬件营造为主体，通过改造物质环境的方法，对居民的活动、行为产生积极的影响，比如社区的美化绿化、社区地图等。学者赵智慧在参与台湾土沟社区的改造中，针对现状条件进行了物质空间的改造，包含道路景观改善、家户空间艺术改造和既有营造点艺术改造等。

社区营造除参与式社区工作坊的形式外，还有政府与社区组织共同主导下的社区营造。学者魏寒宾基于政府引导与政民合作的韩国社区营造，以首尔市社区共同体营造为实证，研究由政府帮扶、居民自发确立规划提议并予以实施的社区营造；社区内部主体主导下的持续营建也是社区营造的另一种形式。西村幸夫在《再造魅力故乡》一书中以小樽社区营造为例，研究以市民运动为核心，自下而上整合自身资源且扩大影响力的社区营造方式。

对于社区营造流程、方法的研究，呈现出社区营造的复杂性和多变性。社区营造面对的是千变万化、各具特色的社区，在实际操作中需要参与者不断思考，将工作流程和方法与当地实际情况相结合，在把握主要原则的基础上，实现社区活力的再生和社区资本的积累。

国内的社区营造实践与研究还刚刚起步，在社区营造方面的探索和思考尝试结合本土特性，体现了创新与探索精神。但是现有的文献资料也显现了普遍性的问题，各地区的社区营造实践仍处于实践过程的初步总结阶段，对于本土化的社区营造应该如何去做、社区营造的动力机制是什么、各个利益团体的相互博弈过程及不同地区社区营造的约束条件尚缺乏清晰和系统的研究。在对社区营造历史发展的研究和认识中，文化价值、空间形态、街区经营是推动社区永续经营的重要因素，需要充分挖掘以实现社区集体记忆、都市纹理的重新塑造。目前，研究缺乏对于这些方面的深入挖掘，对于不同地区的文化趋向也甚少论述，这应成为未来社区营造理论的重要发展方向。

第二节 国内外城市社区的经验借鉴

研究和借鉴国外先进的社区理论，总结国内社区建设与管理领域的经验，对当下推动我国城市社区建设与管理创新具有重要意义。

一、国外城市社区治理模式

中外城市，社区治理涉及的基本关系都是政府行为与社会行为的相互关系。根据政府与社区结合的紧密程度不同，目前可以将国际上社区治理模式分为三大基本类型：一是“社区自治”模式；二是“混合主导”模式；三是“政府主导”模式。

（一）“社区自治”模式

社区自治模式的主要特点是政府行为与社区行为相对分离，政府对社区的干预主要以间接的方式进行，其主要职能是通过制定各种利益关系并为社区成员的民主参与提供制度保障。而社区内的具体事物则完全实行自主自治，与政府部门并没有直接的联系。美国社区治理的主要特点是：

社区事务一般由非政府非营利组织具体操作实施。自20世纪30年代美国实施罗斯福新政以来，公共机构一直是全美在社区服务中的主导力量。1960年以后，随着美国“向贫困开战”及政府财政方面的紧缩，联邦政府开始重视非营利组织在社区服务和社区发展中的作用。非营利组织在联邦、州和城市社区等各个层次间都建立了组织网络，并开展了形式多样的社区服务和社区发展项目。目前，美国有137万个非营利组织遍布全国各地，它们组织严密、机构健全、运作规范，有强烈的责任感，在美国公众心目中的形象很好。

社区规划较为合理。美国在制定社区发展规划时特别强调人与环境的协调，对城市规划中满足社区居民要求、保证居民生活质量的部分考虑得非常细致周到，从整体上把社区的规划设计融合成为城市总体规划的一个有机组成部分，从而保证了周围环境不被破坏。此外，社区规划与文化背景相协调，文化特征较为明显。

（二）“混合主导”模式

混合主导模式是政府主导模式向社区自治模式发展过程中的过渡模式。在这一模式中，政府对社区发展的干预较为宽松，基本上采用间接手段，政府的主要职能是规划、指导并提供经费支持，官方色彩与民间自治特点在社区发展的许多方面交织在一起。日本是混合模式的代表之一，日本城市社区治理的特征是：

政府指导、监督社区治理工作的开展。在日本城市社区治理中，政府与社区工作部门分开，但政府仍指导监督社区的建设工作，并且提供社区建设的资金。在政府系统中，由自治省负责社区工作，地方政府也设立“社区建设委员会”和“自治活动科”等相应机构。社区建设的资金由政府拨款，而且资金的使用有明确要求，支出严格按照预算和规定条例的标准执行。在城市基层社区层面，日本设有“町会联合会”和“町会”这两个层次的带有行政色彩的自治组织，它在许多方面分别发挥着类似我国街道和居民委员会的作用。

城市社区治理向民主化、自治化方向发展。政府对城市社区的管理基本上采用间接手段，居民开始主动参加社区部分领域的管理。如日本在许多城市设立了地域中心，管理社区居民工作，这一机构主要是负责收集社区居民对地域管理的意见，对市民活动和民间公益团体活动给予支持和援助等。社区居民可以根据自己的意愿、要求提出申请，由地域中心的工作人员在集会场所组织居民讨论问题的解决办法，地域中心所长在某些范围内代区长对居民的问题和意见进行当场解决，对一些具体问题进行处理，而政府只是定期对地域中心人员进行考核。

体现以人为本、为民服务的思想意识。日本社区治理模式的总体设想和规划、资金的投向、机构的设置等都体现了以人为本的思想，把为居民服务作为出发点，特别是对社区内的老人、儿童和残疾人给予重视和关怀。各级政府到社区管理中心都设有相应规模的防灾机构和设施，很多公共场合有醒目的指示，并定期组织居民进行防灾演示和演习等。

（三）“政府主导”模式

政府主导模式的基本特点是政府行为与社区行为紧密结合，政府对社区的干预较为直接和具体，并在社区设有各种形式的派出机构，社区发展特别是管理方面的行政性较强、官方色彩较浓。新加坡是政府主导型的典型代表。新加坡城市社区治理的特点是：

政府行为与社区行为紧密结合。政府对社区的干预较为直接，并在社区设有各种形式的派出机构。社区发展的行政性较强，官方色彩较浓。在新加坡，政府中设有专门的社区组织管理部门负责对社区工作的指导和管理。

社区治理组织体系完善。由政府组织自上而下对社区发展进行治理，职能分明、结构严密、井然有序。在新加坡，社区内主要有三个组织：公民咨询委员会、居民联络所管理委员会和居民委员会。其中公民咨询委员会地位最高，主要负责把居民的需要和问题反映给政府，并把政府的有关活动安排和政策信息传达给居民。居民联络所管理委员会主要是组织诸如文化、教育、娱乐、体育、社交等各种有益的活动，以增进社会团结。居民委员会是社区的第三层次组织，它主要承担治安、环卫、组织本小区内的活动等任务。

这种政府主导型的社区治理模式，是由新加坡的历史文化传统、政治经济背景决定的。与西方相比，新加坡的市场体制和法治的历史不够长，各项工作主要由政府主导，社区组织行政化，社区居民很少参与社区活动的发起、组织及各项法规的起草与决定。在这种情况下，要促进社区的发展，政府主导和社区组织的行政化就不可避免。

二、国内城市社区治理模式

当前，中国社会正处于一个快速转型的时期，社会生活的形式和内容都发生了巨大的变化，出现大量新的社会现象和社会问题，社会结构、社会功能、人们的生活方式和社会需求、社会组织间的相互关系等都日益趋于多元化。市场经济体制的建立，多元利益主体的出现，社区组织单一的纵向互动模式被打破，社区内个人组织间的横向关系大大加强，社区管理的内在需求呼唤一种多元化治理模式的出现。

自 20 世纪 90 年代中后期开始，我国大中城市掀起了社区建设的热潮，国家全面启动“全国社区建设试验区”计划。其中，上海、武汉、北京、铜陵等部分城市成为社区治理模式改革的试点地区，力图探索出新型的、具有中国特色的社区治理模式。

（一）上海模式

1996 年，上海市为了适应社会转型期的管理，提出“两级政府、三级管理、四级网络”的特大城市社区建设管理模式，对全国特别是大中城市影响很大。政府推进、社会参与、民主自治、社区服务市场化运作逐渐成为上海市社区建设的主要模式。上海模式更强调用行政力量推动社区建设，用网格理念进行社区管理。创造性地围绕社区事务受理中心、社区服务中心、社区活动中心“三个中心”整合社区资源。社区事务受理中心是一个综合性的行政事务处理平台，主要承担街道办事处剥离的各种具体行政事务，以及区政府职能部门派出机构委托的事务性工作。服务形式上，可以内设条线的受理窗口，也可以利用电话、网络等技术形成快速的信息通道，方便社区居民和其他社会组织办事，实行“进一扇门，办百家事”的“一门式”服务。社区服务中心视社会发展和居民需求情况，对其功能做重新调整和定位，主要发挥社区服务中介、提供培训和指导、加强管理等作用。整合社区中各种为民服务组织和项目，为居民和其他社会组织提供各种各样的服务，以满足他们日益多样化、个性化的服务需求。社区活动中心则根据社区建设和社区居民的精神文化需求，开展文化娱乐、教育培训、体育健身等丰富多彩的活动以陶冶情趣，提高社区居民的多方面素质。另外在推进基层民主建设、民主管理的实践中，各区积极探索创设了广大群众民主参与的各种载体和形式，并形成了许多特色典型。如卢湾区建立了社会听证、协调、评议会等“三会”制度，让社区居民群众来决定社区事务，评议政府工作，协调社区的事务。黄浦区南京东路街道在承兴居委会开展了居民自治的试点，街道不再向居委会安排额外任务，居委会集中精力办好居民群众的事。政府出资购买服务，比如浦东、黄浦、卢湾、普陀等区，将老年活动室等社区服务设施委托给民间组织（如上海基督教青年会）代为管理，从而改善了目前社区服务设施管理不善、效率低下的情况。

（二）武汉江汉模式

武汉市江汉区以社区为依托，通过构建微观自治组织体系，转变政府职能，提升社区自治功能，创新管理机制与社区自治机制相结合，并以此分为三个阶段逐步加以实施。首先是近期社区培育阶段，即调整社区规模，构建新型社区组织，理顺社区各方面关系，初步建立政府倡导、政策引导、基本自治的基层社区治理模式。其次是中期社区发展阶段，即稳步推进社区制度的变迁和转型，实现政府职能的根本改变，基本完成城市基层管理体制的重心由行政调控向法制保障下的社区居民自我调控体制转变。最后是远期社区自治完善阶段，即以扩大社区基层民主为主要内容的依法自治，全面提升社区功能。通过主动转变政府的职能，变居委会与街道办事处的行政上下级关系为指导与协助、服务与监督的关系，力图建立一种行政调控机制与社区自治机制结合、行政功能与自治功能互补、行政资源与社会资源整合、政府力量与社会力量互动的社区治理模式。

（三）北京“牛街”模式

2010 年 6 月，北京西城区牛街街道办事处因首创城市多民族聚集社区社会工作服务模式而闻名中国，它是指以城市多民族聚集区为基础的民族宗教整合型社会工作服务体系。以城市少数民族聚集社区为基础开展服务，该模式社会服务范围广泛，内容多样，主要为牛街社区居民提供多样化与民族化的社会服务，主要特色是为回民提供连续性与民族化社会服务，涵盖了回民婚庆服务、回民妇幼保健、幼儿园、中学、建设“民生街”、清真超市、回民医院、回民殡葬所等服务。牛街模式开启了中国民族宗教社会工作的新模式。

（四）安徽铜陵模式

安徽省铜陵市在 2011 年全面撤销街道办事处，成立大社区，减少街道这个管理层级，强化居民自治功能，提升居民服务水平。新社区成立党工委、居委会、公共服务中心三个机构，但三个机构实际上是“一套人马”，如党工委书记同时兼任社区居委会主任、公共服务中心主任。铜陵模式概括起来就是“1234”，即“一个减少、两个实行、三个完善、四个强化”。一个减少：撤销街道，成立大社区，减少管理层级。两个实行：实行社区扁平化管理和网格化管理。三个完善：完善社区公共服务体系、社区市场化服务体系和社区义务服务体系。四个强化：强化党的核心功能、居民自治功能、社会管理功能和居委会监督功能。

从上述实践结合国外管理模式分析，上海模式属于行政型，江汉模式、铜陵模式倾向于自治型，但都保留着或多或少的行政化色彩，具有混合型的特征。目前看来，每个模式在现阶段都有其存在的合理价值。就上海模式而言，行政性的特征似乎不符合现代社会发展的趋势，因为强大的行政力量使得社会力量非常微弱。因此，多数人不赞同这种模式。但是，近几年上海的社区建设日新月异，社区服务、社区环境、社区文化等方面在政府的强势推动下取得了突飞猛进的发展，有效地调动起居民的参与热情。为了建立长效机制，上海还开展了居委会的直选工作，将行政推动的外在机制和社区发展的内在机制结合起来。就江汉模式而言，虽然在制度设计上充分考虑社区自治的因素，但如何处理行政权力仍是个关键问题。因为在目前的社区中，除了成熟的政府组织及居委会，其他社会组织缺乏足够的资源和权威，它们还没有足够的能力代替政府部门组织居民管理公共事务，居民也缺乏自组织意识，社区参与程度低。同时，政府部门仍旧掌握着过多的资源，仍然是社区管理最主要的主体，在没有约束的情况下，要让政府自己退出，将权力主动向社会分化是非常困难的。由于利益驱动，政府很容易看到它与社会之间的张力，而容易忽视两者之间的合力。

三、国内外社区建设与管理经验的启示

国内外社区建设与管理模式与经验，对我们的实践与研究有很大的启发意义，各城市应结合自身基本市情，在充分吸收和借鉴国内外成功经验的基础上走符合自身发展的道路。

（一）政府必须在社区建设中发挥主导作用

健全社区组织管理体系与机制是社区建设的关键所在，即使在西方资本主义国家，如英国、新加坡、加拿大的社区建设中也要发挥政府的主导作用，在我们国家就要坚持共产党的领导，加强社区党组织建设，探索、建立和完善符合中国国情、具有中国特色的社区组织，坚持、完善在党的领导和政府指导下的社区居民自治制度。社区管理离不开党的领导，而且社区体制改革对社区党建工作提出了更高的要求，党应更多地采用非行政性（如法律的、经济的、民主的等）手段来确立在社区的领导核心地位。社区建设首先应紧密结合各地实际，做好社区建设实体化、社区管理网络化信息化、社区党建工作全面覆盖，扎实推进和谐社区建设。社区党建组织要真正了解社情民意，善于与群众沟通，善于把“社会人”变成“组织人”，重视“两新组织”党建工作，使基层党组织增强凝聚力，同时还要自觉学习并运用互联网等新兴传播手段，努力掌握工作主动权。

（二）社区治理要有较为系统的立法保障

法制建设是规范城市社区治理的前提。我们看到，一些国家社区治理之所以井然有序，与政府和社区的一切行为都依据法律法规开展有密切关系。如果没有法律的保障，社区的利益很可能受到政府权力的侵蚀。近年来，我国城市社区矛盾多发，居民利益屡受剥夺，与我们缺乏多种形式的社区利益分享机制、政府与社区之间的谈判和协商等法治机制有直接关联。

（三）必须明确政府—社区之间的关系

经济发展与社会转型带来了国家与社会之间关系的调整，在城市社区治理中的体现就是社区多元主体的发展和社区自治性的成长，这不仅为社区多元共治的实现提供了治理主体，而且为社区共治的实现提供了基础。明确政府与社区的关系。首先，有利于基层政府加快职能转变，充分发挥政府的引导、支持作用，整合社会中不同的资源，以居民需求为导向拓展社区服务；其次，有利于各级财政明确社区治理中的政府责任，加大社区公共设施、社区服务供给、社区福利和保障等方面的政府投入。

（四）推动居民的社区参与

居民参与是反映社区自治程度的一项重要标志，社区的真正主体是居民。一些国家社区治理的经验表明，政府和公民是平等对话的关系，所以居民应该像政府一样承担起社区治理的责任。十八大报告指出：必须“充分发挥群众参与社会管理的基础作用”。针对目前我国城市社区居民参与意识薄弱和参与机制缺乏的状况，政府应积极培育居民的社区意识，通过社区直接选举、贴近家庭生活的宣传、开放讨论社区热点问题等方式吸引居民积极参与社区治理，逐步提升社区居民自主管理社区事务的能力。

（五）扩大基层民主

党的十八大报告指出：“在城乡社区治理、基层公共事务和公益事业中实行群众自我管理、自我服务、自我教育、自我监督，是人民依法直接行使民主权利的重要方式。”健全基层自治组织和民主管理制度，完善公开办事制度，保证人民群众依法直接行使民主权利，管理基层公共事务和公益事业，对干部实行民主监督。完善城市居民自治，建立管理有序、文明祥和的新型社区。坚持和完善职工代表大会和其他形式的企事业民主管理制度，保证职工的合法权益。党的十七大报告将城乡社区建设放在“坚定不移发展社会主义民主政治”中进行论述，指出“人民民主是社会主义的生命”。因此，要健全基层党组织领导的充满活力的基层群众自治机制，扩大基层群众自治范围，完善民主管理制度，把社区建设成为管理有序、服务完善、文明祥和的社会生活共同体。

（六）搞好社区服务

国内外成功的社区建设典型无一不重视社区服务体系的完善。党的十六届六中全会决议将社区建设放在“完善社会管理，保持社会安定有序”部分进行论述，提出要“推进社区建设，完善基层服务和管理网络”。社区建设体现了一批人所发生的地缘关系和互助合作关系，包含着许多服务性内容。大力搞好社区服务，要根据实际，重点开展面向个体居民的便民利民服务，面向弱势群体（特别是满足弱势群体在就业、医疗、住房、子女入学等方面的需求）的社会救助和社会保障服务，应该坚持社会化、专业化的社区服务发展方向，最大限度地满足居民群众的需求。大力整合社会人力、财力、自然及人文历史等各方面的资源，促进社区建设的健康、和谐、可持续发展。

（七）着力培育和发展社区非营利组织

国内外经验表明，社区非营利组织在沟通政府与百姓之间的联系、缓解社会冲突方面起着重要的润滑剂作用。著名社会学家费孝通认为，社区组织的出现，是居民实际生活的需要。国外对社区非营利组织都持积极的态度，鼓励其参与城市社区的治理和发展，给予投入社会公益事业的社会组织一定的优惠政策，特别是资金补贴。这些做法对于完善我国城市关于培育和扶持非营利性组织，改变我国城市社区中介组织力量薄弱的状况有着重要的借鉴意义。

同时，我们也看到，上述社区建设的典型模式或多或少都保留着行政色彩，“政社关系未理顺、居民自治不彻底”，这是我们在改革中需要注意的。

第三章　现代成熟社区卫生服务

第一节　社区卫生服务的历史背景

中华人民共和国成立后，特别是改革开放以来，卫生事业为保护和增进人民健康、促进社会主义现代化建设，发挥了重要作用。但是在发展过程中，也逐渐暴露出一些深层次问题，尤其是在城市资源配置利用不合理，医药费用增长过快，卫生服务特别是基层卫生服务同城市化、人口老龄化、疾病谱改变、医学模式转变、群众卫生服务需求的变化及建立城镇职工基本医疗保险制度等不相适应，亟待改革和完善。

一、卫生资源配置不合理、利用率低

在做大做强大医院的指导思想支配下，城市医院的卫生资源绝大部分集中在大型医院，造成卫生资源配置不合理、利用率低下。从以下几组数字可见一斑。

其一，全国卫生部门中，城市医疗机构的资产总额为2002亿元，基层医疗机构资产总额为65亿元，仅占城市医疗机构资产总额的3.2%。尤其是固定资产，基层医疗机构占有量更少，基层医疗机构只占城市医疗机构固定资产总额的2.6%，97.4%的资产掌握在大中型医院手中。

其二，全国卫生部门中，城市医疗机构卫生人员为123万人，其中基层医疗机构卫生人员为8万人，占城市医疗机构卫生人员总数的6.5%，93.5%的卫生人员集聚在大中型医院。

其三，全国卫生部门中，城市医疗机构病床数为164万张，基层医疗机构病床数仅有17万张，占城市医疗机构病床总张数的约10.4%；89.6%的病床被大中型医院占有。

其四，全国卫生部门中，城市医疗机构全年完成门诊 48159 万人次，基层医疗机构全年门诊量为 6604 万人次，占城市医疗机构全年门诊量的 13.7%。城市医疗机构全年出院人数为 1610 万人次，基层医疗机构全年出院人数为 94 万人次，占城市医疗机构全年出院人数的 5.8%，90%以上的病人涌向大中型医院就医。

其五，全国卫生部门中，城市医疗机构年财政补助收入为 117 亿元，基层医疗机构年财政补助收入为 7 亿元，占城市医疗机构财政补助收入的 6%，94%的财政补助投向大中型医院。

其六，全国卫生部门中，城市医疗机构年业务收入为 1236 亿元，基层医疗机构年业务收入仅为 62 亿元，占城市医疗机构年业务收入的 5%，95%的业务收入流向大中型医院。

由于主要卫生资源被大中型医院垄断，基层医疗机构卫生资源十分短缺，特别是医疗设备简陋、卫生技术人员匮乏，没有能力吸引患者。绝大多数病人越过基层医院，直接拥向大中型医院，对患者来说，大医院的“患者通吃”是目前“看病难、看病贵”的一个重要原因。第三次国家卫生服务调查结果显示，在城市，患者到基层医疗机构就诊的比例仅为 10.9%，到大医院就诊的比例不断增加。病人逆转流向，导致大中型医院和基层医院的双重浪费。大医院主任医师看常见病、多发病，是对高级技术人员智力的浪费。基层医院缺少患者，又造成医疗设备和人力的闲置。是病人跟医生走，而不是医生围病人转，不和谐的医疗服务供需关系主要是卫生资源配置不合理导致的。因此，卫生资源必须向基层医疗机构下沉。只有社区医疗体系的崛起，才能打破这种现状。

二、年龄结构趋于老龄化，迫切需要基层医疗机构承担老年人的医疗保健任务

人口老龄化是指老年人在总人口中占有相当比例。按照国际通行的标准，20 世纪，我国 60 岁以上的老龄人口超过总人口的 10%；65 岁以上的老龄人口超过总人口的 7 %，即步入人口老龄化社会。人口老龄化的形成原因是十分复杂的，人类衰老的延缓、寿命的延长与死亡率和出生率的下降，都是形成人口老龄化的直接原因。这种变化既可以由年龄金字塔底部的少儿人口增长缓慢所造成，也可以因顶部的老龄人口增长加速所导致。发达国家经历了老龄化的漫长演变过程。而我国，由于计

划生育政策和人口预期寿命的延长，底部增长缓慢和顶部老龄化的同时“夹击”，使人口老龄化的发展速度很快，形势越发严峻。

我国人民生活水平的不断提高、医疗条件的逐步改善，以及计划生育政策的实施，使人口老龄化正以比西方国家快得多的速度发展。2000年第五次全国人口普查数据表明，我国60岁以上老龄人口已达1.32亿，占总人口的11%，其中65岁以上老龄人口近9000万，占总人口的7.5%，两个比例已经基本达到国际上一般认为老龄化的标准线。

我国人口老龄化具有以下特征。①老龄人口绝对值大。由于我国人口基数大，老龄人口逐年增加，已成为全世界老年人口最多的国家，占世界老年人总数的1/5。②人口老龄化发展速度快。完成人口年龄结构从成年型向老年型过渡，法国用了115年，瑞士用了85年，美国用了60年，日本也用了25年，而我国只用了18年。③人口老龄化发生在经济欠发达阶段。发达国家人口老龄化伴随着城市化和工业化，呈渐进的步伐。当他们的65岁以上老龄人口达到7%时，人均GDP一般在1万美元以上，而我国进入老龄化国家时，人均GDP仅为800美元，发达国家是先富后老，而我国是未富先老。老年人对医疗保健的需求明显高于中、青年人，1998年国家卫生服务调查表明，全国60岁以上老年人两周患病率为全人群的1.7倍，慢性病患病率为全人群的4.2倍，人均患有2~3种疾病。在老年人口中，发生心脑血管、代谢、精神和神经系统慢性病的患病率几乎达到70%以上，老年人发病率比中、青年人高3~4倍，住院率高2倍。随着老龄化的加剧，对医疗保健的需求进一步增加，医疗费用成本也会随之进一步加大。

有关研究表明，老年人的某些疾病完全可以在基层医疗机构得到治疗，尤其是一些疾病的预防，十分有必要由基层医疗机构实施，按照医疗保健可及性原则，发展社区卫生服务不但有重大的现实意义，而且有深远的历史意义。

第二节　社区卫生服务有关政策沿革

一、发展社区卫生服务首次写进中共中央、国务院决定

随着我国国民经济的迅速发展，居民收入不断增加，人民生活水平日益提高，对卫生服务的需求也发生了很大的变化。居民普遍希望能就近、方便地得到卫生服务，而且卫生服务需求的内容扩大到预防保健、伤残康复、健康咨询等许多方面。现有的卫生服务体系已经不适应这些变化，必须进行改革。同时，目前城市中，居民卫生服务主要依赖大医院，也造成大医院中患者拥挤不堪，且费用较高。因此，必须大力推进社区卫生服务，逐步建立起适应人们健康需求的基层卫生服务组织。

1997 年 1 月 15 日，我国有史以来第一次颁发了《中共中央、国务院关于卫生改革与发展的决定》(以下简称《决定》)，发展社区卫生服务也首次被写进《决定》。在《决定》的第二部分——积极推进卫生改革中，要求改革城市卫生服务体系，积极发展社区卫生服务，逐步形成功能合理、方便群众的卫生服务网络。基层卫生机构要以社区、家庭为服务对象，开展疾病预防、常见病与多发病的诊治、医疗与伤残康复、健康教育、计划生育技术服务、妇女儿童与老年人和残疾人保健等工作。要把社区医疗服务纳入职工医疗保险，建立双向转诊制度，有计划地分流医务人员和组织社会上的医务人员，在居民区开设卫生服务网点，并纳入社区卫生服务体系。

《决定》对开展社区卫生服务的具体要求包括四个方面内容。一是社区卫生服务对象是社区内的家庭。这与一般医院医疗服务对象是个体有着很大区别。二是社区卫生服务机构的功能。社区卫生服务是保护城市居民健康的第一道防线，集预防、医疗、保健、康复、健康教育与计划生育技术咨询等于一体，负责辖区内居民各类健康管理。主要工作有：负责急性传染病和慢性非传染性疾病的预防；建立居民健康档案，了解和掌握居民健康状况，对家庭和居民进行卫生指导、健康教育和管理，组织开展社区卫生活动；负责常见病、多发病的治疗，开展家庭病床，提供家庭医疗服务；负责妇女、儿童和老年人保健，以及围产期保健和儿童计划免疫等服务；提供因病住院治疗后家庭恢复期的服务、伤残康复和残疾人康复服务等；向辖区居民提供卫生信息和转诊服务；向上一级主管部门报送卫生信息。三是把社区卫生服

务纳入职工医疗保险。目的是使参保人员就医下沉，既方便参保人员就近就医，又节省医药费开支。四是建立双向转诊制度。社区卫生服务组织对于超出本机构诊治范围的病人或在本机构诊断、治疗有困难的病人转至上级医院就医。反之，上级医院对病情得到控制后相对稳定的病人亦可视情况转至社区卫生服务组织继续治疗或者康复，它可以有效地引导病人合理流向，促进卫生资源的合理利用。

《决定》中对开展社区卫生服务的要求，预示着城市卫生服务体系改革进入深层次阶段，我国将启动社区卫生服务工作。

二、建立健全社区卫生服务组织被列为城镇医药卫生体制改革的重要内容

为贯彻《中共中央、国务院关于卫生改革与发展的决定》和《国务院关于建立城镇职工基本医疗保险制度的决定》，进一步调动医药卫生工作者的积极性，优化卫生资源配置，改进医德医风，提高医疗服务质量，整顿医药生产流通秩序，抑制医药费用过快增长，国务院决定在建立城镇职工基本医疗保险制度的同时，进行城镇医药卫生体制改革。

2000 年 2 月 21 日，《国务院办公厅转发国务院体改办等部门关于城镇医药卫生体制改革指导意见的通知》，提出城镇医药卫生体制改革的目标：建立适应社会主义市场经济要求的城镇医药卫生体制，促进卫生机构和医药行业健康发展，让群众享有价格合理、质量优良的医疗服务，提高人民健康水平。

《国务院办公厅转发国务院体改办关于城镇医药卫生体制改革指导意见的通知》把建立健全社区卫生服务组织列入城镇医药卫生改革的重要内容。提出建立健全社区卫生服务组织、综合医院和专科医院合理分工的医疗服务体系。社区卫生服务组织主要从事预防、保健、健康教育、计划生育和常见病、多发病、诊断明确的慢性病的治疗与康复，同时确定了综合医院和专科医院的主要服务功能。

国家再次明确社区卫生服务组织、综合医院和专科医院的服务功能。一方面是明确各自工作范围，做到合理分工，防止重复建设，保证卫生资源的合理配置；另一方面是突出社区卫生服务组织的作用，从事预防、保健、健康教育、治疗康复等工作，这些工作是综合医院和专科医院不可替代的。换句话说，社区卫生服务组织不健全、不完善，居民患病盲目流向综合医院和专科医院，使综合医院和专科医院

忙于应付一般常见病、多发病的治疗，难以完成急危重症、疑难病症的治疗，以及临床科研工作。其结果是难以形成健康有序的城镇医药卫生服务体系。由此可见，发展社区卫生服务组织，是卫生体制改革最基础、最有成效的工作。

三、发展城市社区卫生服务的若干意见出台

首先，自《中共中央、国务院关于卫生改革与发展的决定》做出“改革城市卫生服务体系，积极发展社区卫生服务，逐步形成功能合理、方便群众的卫生服务网络”的重要决定之后，不少城市积极试点探索，并已取得初步经验，显示出社区卫生服务具有旺盛的生命力和广阔的发展前景。但是，发展社区卫生服务毕竟是新生事物，各地对其发展总体目标和基本原则并没有深刻的认识，特别是对其具体操作方法还缺乏经验。为此，1999 年 7 月 16 日，卫生部等十部委联合印发了《关于发展城市社区卫生服务的若干意见》，它既是《国务院办公厅转发国务院体改办等部门关于城镇医药卫生体制改革指导意见的通知》13 个配套文件之一，也是对卫生体制改革指导意见的补充和扩展。

《关于发展城市社区卫生服务的若干意见》首先提出发展社区卫生服务的分阶段总体目标，要求到 2000 年，基本完成社区卫生服务的试点和扩大试点工作，部分城市应基本建成社区卫生服务体系的框架；到 2005 年，各地基本建成社区卫生服务体系的框架、部分城市建成较为完善的社区卫生服务体系；到 2010 年，在全国范围内，建成较为完善的社区卫生服务体系，成为卫生服务体系的重要组成部分，使城市居民能够享受到与经济社会发展水平相适应的卫生服务，提高人民健康水平。这一目标是根据党的基本路线和基本方针，坚持新时期卫生工作方针，深化卫生改革，满足人民生活服务需求，与经济社会发展相同步的基础上提出的。

其次，强调政府在发展社区卫生服务方面的作用。要求各级政府要把积极推进社区卫生服务列入政府的工作目标，纳入当地经济与社会总体规划和城市两个文明建设规划，作为社区建设和社区发展的一项重要内容予以统筹规划、组织实施。同时，要求有关部门和街道办事处各尽职能、各负其责，完善有关配套政策与措施，为社区卫生服务提供良好的环境，及时协调解决社区卫生服务工作中所遇到的各种具体问题和困难。加强政府对社区卫生服务的领导，为发展社区卫生服务提供有力的保障。

最后，提出健全社区卫生服务体系框架。要依托现有基层卫生机构，形成以社区卫生服务中心、社区卫生站为主体，其他医疗卫生机构为补充，以上级卫生机构

为指导，与上级医疗机构实行双向转诊、条块结合、以块为主，使各项基本卫生服务逐步得到有机融合的基层卫生服务网络。

在发展社区卫生服务体系框架中，之所以强调以现有基层卫生机构为依托，是为了防止盲目设置新的医疗卫生机构，搞重复建设。其他医疗机构为补充，疾病控制中心、妇幼保健院、健康教育所等预防保健机构参与，是加强统一协调，发挥对社区卫生服务的指导作用。

应该说，《中共中央、国务院关于卫生改革与发展的决定》和《国务院办公厅转发国务院体改办等部门关于城镇医药卫生体制改革指导意见的通知》，对社区卫生服务的建立和发展，只提出了宏观的政策指导意见，而《关于发展城市社区卫生服务的若干意见》则制定出具体的操作方法和实施规范，为各地社区卫生服务的发展起到了促进作用。

四、国务院下发关于发展城市社区卫生服务的指导意见

城市卫生体制改革指导意见的文件，已经酝酿三年，易稿数次，至今没有出台，而率先颁布作为城市卫生工作的重要组成部分——发展社区卫生服务的文件。2006年2月21日，《国务院关于发展城市社区卫生服务的指导意见》(以下简称《意见》)下发给各省、自治区、直辖市人民政府。该文件是针对在城市卫生事业发展中存在优质资源过分向大医院集中，社区卫生服务资源短缺、服务能力不强，不能满足群众基本卫生服务需求等问题制定的。

近几年来，人民群众“看病难、看病贵”一直是社会反映最强烈的问题之一，引起政府的高度重视，先后采取一系列有效措施加以缓解，包括药品实行集中招标采购，18次降低药品价格，降低大型医用设备检查价格。卫生部作为最高卫生主管部门，从多角度解决人民群众关心的热点问题，提出“三不准”“二限制”“一优先”，即不准出租、出借科室，不准医药收入与职工奖金挂钩，不准开单提成；限制特需病房的规模，限制利用银行贷款和社会融资搞医疗设备重复购置；优先发展社区卫生服务，其中发展社区卫生服务，是缓解人民群众“看病难、看病贵”问题最有成效的措施，所以很快被国务院采纳。

《意见》除再次明确发展社区卫生服务指导思想、基本原则和工作目标外，还规定了具体政策。一是确定了社区卫生服务机构的性质，具有公益性质，不以营利为目的。二是确定了承办主体，坚持政府主导，鼓励社会参与。三是扩大了服务功能，

适宜社区开展的公共卫生服务交由社区卫生服务机构承担。四是加强社区卫生服务队伍建设，积极为社区培训全科医师和护士。五是规范了财政补助政策，地方政府要按照购买服务的方式，根据社区服务人口、社区卫生服务机构提供的公共卫生服务项目数量、质量和相关成本核定财政补助。尚不具备条件的，可以按照人员基本工资和开展公共卫生服务所需经费核定政府举办的社区卫生服务机构财政补助。各级政府要建立稳定的社区卫生服务筹资和投入机制，提供必要的房屋和医疗卫生设备等设施，对业务培训给予适当补助，政府的社区卫生服务中心的离退休人员，由地方政府根据有关规定予以安排。六是完善社区卫生服务运行机制，药品实行零差率销售和医药分开试点。

《意见》明确了发展社区卫生服务所需经费保障问题，为发展社区卫生服务提供了经费保障。从正常经费看，人员工资、公共卫生服务经费、离退休经费、业务培训费用都有明确规定，使社区卫生服务机构无后顾之忧；从专项经费看，政府提供必要的房屋和医疗卫生设备，为社区卫生服务机构的发展打下牢固基础，经济政策方面给予强有力的支持和宽松的政策环境，为发展社区卫生服务插上了腾飞的翅膀。

五、城市社区卫生服务机构管理办法应运而生

为贯彻落实《国务院关于发展城市社区卫生服务指导意见》，加强对城市卫生机构的管理，根据有关法律、法规，卫生部、国家中医药管理局于 2006 年 6 月 29 日制定了《城市社区卫生服务机构管理办法（试行）》（以下简称《管理办法》）。

《管理办法》详细规定了社区卫生服务机构的服务功能与执业范围。在公共卫生服务方面有卫生信息管理、健康教育、传染病、地方病、寄生虫病预防控制、慢性病预防控制、精神卫生服务、妇女儿童保健、老年保健、残疾康复指导和康复训练、计划生育技术咨询指导，以及协助处置辖区内突发公共卫生事件。在提供基本医疗方面的功能与执业范围有一般常见病、多发病诊疗、护理和诊断明确的慢性病治疗，社区现场应急救护，家庭出诊、家庭护理、家庭病床等家庭医疗服务，转诊服务，康复医疗服务。

《管理办法》对机构设置做出严格规定，政府原则上按照 3 万 ~ 10 万居民或有街道办事处所辖范围规划设置一所社区卫生服务中心。为优化卫生资源配置，区级政府举办的一级医院和街道卫生院应转型为社区卫生服务机构，政府举办的部分二

级医院和有条件的国有企事业单位所属基层医疗机构通过结构与功能改造，可转型为社区卫生服务机构。

《管理办法》还对人员配置与管理、执业规则与业务管理，以及行业监管作出具体规定。

《管理办法》是对 1999 年 7 月 16 日卫生部等十部委局印发的《关于发展城市社区卫生服务的若干意见》和 2002 年 8 月 20 日卫生部等十一部委办局印发的《关于加快发展城市社区卫生服务的意见》的具体修订。与前两个文件比较，社区卫生服务机构服务功能和执业范围更加具体化，机构设置由街道卫生院为主扩大到一、二级医院转型，人员配备标准越发提高了，规章制度管理越来越规范，行业监督也更加严格，对发展社区卫生服务有着明显的可操作性。

第三节　社区卫生服务的必要性和重大意义

在我国，城市社区指的是街道和居民小区。社区卫生服务，是指以社区居民为对象，以保护和促进健康为目标，充分利用社区内外资源，有组织地提供综合性卫生服务的活动。城市社区卫生是我国卫生事业的重要组成部分，发展社区卫生服务也是我国卫生事业的重要组成部分，发展社区卫生服务是惠及亿万群众的大事，意义重大。

一、发展城市社区卫生服务是提高人民健康水平的重要保障

享有基本医疗服务是《中华人民共和国宪法》规定的城乡居民的基本权利。我国推行医疗保险制度，目的就是保护参保人员，使其得到基本医疗。因此，基本医疗与保障人民健康有着直接的因果关系。然而，就我国目前状况而言，居民最起码的权利并没有得到保障。

2018 年发布的《全国第六次卫生服务统计调查报告》（以下简称《报告》）显示，与第五次调查比较，我国医疗卫生服务可及性提高，居民基本医疗保障覆盖率和保障水平进一步提升，住院费用增幅趋缓。2018 年 9 月，国家卫生健康委启动开展了第六次全国卫生服务调查，调查覆盖全国 31 个省（自治区、直辖市）的 156 个县（市、

区），共94076户居民。《报告》指出，总体看，随着医疗保障水平稳步提高和卫生服务体系建设不断推进，居民医疗服务需求持续得到释放，分级诊疗制度实施效果显现。2018年，87.1%的居民在县域内医疗机构就诊，农村居民在县域内医疗机构就诊的比例超过90%。看病就医问题基本上能在县域内得到解决。而未就诊和未住院人群中，除自己认为没有必要就诊和住院外，主要原因是经济困难、没有时间和交通不方便。由于城市社区卫生服务机构具有便捷、经济实惠的特点，完全可以满足未就诊住院人员的医疗需求。

社区卫生服务覆盖广泛，方便群众，能使广大群众获得基本卫生服务，也有利于满足群众日益增长的多样化卫生服务需求。社区卫生服务强调预防为主、防治结合，有利于将预防保健落实到社区、家庭和个人，提高人群健康水平。

二、发展城市社区卫生服务是优化配置卫生资源的重要途径

卫生资源是卫生服务提供过程中需要的全部要素，既包括卫生人力、卫生经费、卫生设施、卫生装备和药品、卫生信息，也包括卫生技术、卫生服务能力、卫生管理等。

对卫生资源配置的要求是合理配置、有效配置和优化配置等。合理配置突出卫生资源配置的合理性，达到卫生服务的供需平衡；有效配置则强调资源配置的有效性，使卫生资源得到充分利用，提高卫生服务的效率和效益；优化配置是指按照效率优先、兼顾公平的原则，最优化配置卫生资源，发挥卫生资源的最佳效率。

目前我国卫生事业发展中存在的一个突出问题是卫生资源配置不合理，优质资源向大医院集中，城市大中型医院集中了大量的高新医疗设备和优秀医护人才，基层卫生资源严重不足。社区卫生服务的覆盖面小，医护人员数量不足，服务设施和设备匮乏，服务质量难以取得群众信任。因此，大中型医院吸引了大量常见病、多发病患者，门诊治疗人满为患，而很少有患者问津社区卫生服务机构。还没有形成分级医疗双向转诊的机构和“大病”进医院、“小病”在社区的格局。

社区卫生服务可以将广大居民多数基本健康问题解决在基层，积极发展社区卫生服务，有利于调整卫生资源的配置。医疗设备向下转移，医务人员向基层医疗机构下沉，形成卫生资源配置与人民群众医疗服务需求相适应的新格局，从而提高卫生资源利用效率，发挥更大的效益。

三、发展城市社区卫生服务是建立和完善城镇职工基本医疗保险制度的迫切需求

按照一个制度、多个标准设计的城镇职工基本医疗保险制度优点非常突出，它既保障健康公平与平等目标，又有助于减少资源浪费。但医疗保险也面临道德风险和道德选择等棘手问题，造成医药费上涨、医疗保险基金支出难以承受的局面。社区卫生服务可以为参保职工就近诊治一般常见病、多发病、慢性病，帮助参保职工合理利用大医院的服务，并通过健康教育、预防保健，增进职工健康，减少发病率。既保证基本医疗，又降低成本，符合“低水平、广覆盖”原则，对于职工基本医疗保险制度长久稳定运行起到重要支撑作用。

同时，社区卫生服务通过多种形式为群众排忧解难，使社区卫生人员与广大居民之间建立起新型医患关系，有利于加强社会主义精神文明建设。开展社区卫生服务是为人民办好事、办实事的民心工程，充分体现党的全心全意为人民服务的宗旨，有利于密切党群干群关系，维护社会稳定，促进国家长治久安。

第四节　社区卫生服务机构服务功能和执业范围

城市社区卫生服务机构是在城市范围内设置的，经过区（市、县）级政府卫生行政部门登记注册，并取得《医疗机构执业许可证》的社区卫生服务中心和社区卫生服务站的总称。

我国医疗机构诸多，级次复杂，为了合理利用卫生资源，引导病人合理流向，我国曾依据医疗机构规模大小、技术水平高低、医疗设备装备优劣，对三级、二级、一级医疗机构的服务功能在明确分工的项目实行定位，促进医疗机构有序发展。社区卫生服务属于基层医疗机构，它的服务对象是社区、家庭和居民，重点服务对象是妇女、儿童、老年人、慢性病人、残疾人、贫困居民等。其服务对象不同，决定了特殊的服务功能与执业范围。

一、服务功能

社区卫生服务具有提供公共卫生服务和基本医疗服务两大功能。卫生部、国家中

医药管理局印发的《城市社区卫生服务急购管理办法试行》对社区卫生服务的服务功能与执业范围做出如下规定。

（一）卫生信息管理

卫生信息是指社区卫生服务机构收集的经过加工、整理用于医疗活动和经营管理方面的各种信息。信息资源在社区卫生服务机构经济运转和协助政府决策过程中，发挥物质资源无法替代的作用。社区卫生服务组织卫生信息管理的主要任务是根据国家规定，收集、报告辖区有关卫生信息，建立和管理居民健康档案，向街道办事处及有关单位和部门提出改进社区公共卫生状况的建议。

（二）健康教育

健康教育是所有的卫生问题、预防方法及控制措施中最重要的一项，是初级卫生保健八大要素中的第一要素，是对其他许多因素的必要支持。其目的是通过健康教育，改善、维持和促进个体与群体的健康状况，其主要任务是建立或促进个人、社会对预防疾病和保护自身健康状况的责任感，促进个体和社会采用有利于健康的行为，提倡文明、健康、科学的生活方式。社区卫生服务直接面向人群，普及卫生保健知识，实施重点人群及重点场所健康教育，改变不健康的行为和生活方式，养成良好的生活方式和行为习惯，是社区卫生服务机构长期的任务。

（三）传染病、地方病、寄生虫病的预防控制

随着我国经济发展和改革开放的不断深入，受人口的大量流动和其他因素的影响，新的与原有的传染病都有传播、流行和暴发的危险。我国颁布的《中华人民共和国传染病防治法》规定，对36种传染病进行监测报告。我国地方病主要有血吸虫病、碘缺乏病、氟中毒、砷中毒、大骨节病、布氏菌病、克山病等，在部分地区病情严重。近年来，由于种种原因，在全国不少地方都出现了地方病回升的情况。社区卫生服务是接触群众最广泛的医疗机构，通过家庭走访、健康体检，最容易发现传染病和地方病。社区卫生服务的任务是负责疫情的报告和监测，协助开展结核病、性病、艾滋病及其他常见传染病和地方病的预防控制，实施预防接种，配合开展爱国卫生工作，防止传染病和地方病的发生与流行。

（四）慢性病预防控制

随着我国老龄人口的增多、工业化进程的加快，由生活环境、生活方式、精神因素、职业危害等引起的慢性病问题日益突出。我国目前成人高血压患病率为

18.8%，成人糖尿病患病人数达2000多万，每天约有1.3万人死于慢性病，占总死亡人数的70%以上，城市内更是高达85%以上。慢性病不仅严重危害着人们的健康，降低了人们的生活质量，而且已经成为导致我国医疗费用直线上升的主要原因，所以把慢性病预防控制列入社区卫生服务重点工作，要开展高危人群和重点慢性病筛查，实施病例管理，减轻慢性病发生对社会的危害。

（五）精神卫生服务

由于工作节奏的加快和竞争压力的加大，城市中精神抑郁的人群越来越多，如果得不到有效的预防和治疗，就会导致精神疾病的发生。到目前为止，我国有1亿左右不同程度的精神疾病患者，其中重度精神病患者为1600万人。实施精神病社区管理，为社区居民提供心理健康指导，不失为一种有效的措施。

（六）妇女保健

做好妇女卫生工作，对实现人人享有初级卫生保健的目标，促进国民经济和社会发展及稳定，具有十分重要的意义。应针对不同时期的妇女，提供青春期、未婚期、孕产期、更年期、老年期等一系列保健服务和疾病防治工作，开展婚前保健、孕前保健、孕产期保健、更年期保健，以及妇女常见病预防和筛查，提高我国妇女的健康水平。

（七）儿童保健

5岁以下儿童死亡率是衡量一个国家健康的指标之一，儿童死亡率的高低又直接影响人均期望寿命的指标。儿童是社区卫生服务的重点对象，要形成城市儿童保健服务网络，建立儿童系统管理制度，为儿童提供母乳喂养、营养指导、生长发育监测、新生儿筛查及疾病防治等服务。

（八）老年人保健

我国人口老龄化具有数量大、增长快、高龄化和“未富先老”等特点。目前，我国老年人保健任务十分繁重，很适合社区管理，应指导老年人进行疾病预防和自我保健，进行家庭访视，提供有针对性的健康指导。

除此之外，还要承担残疾康复指导和康复训练、计划生育技术咨询指导、发放避孕药具、协助处置辖区内的社会性公共卫生事件，以及政府卫生行政部门规定的其他公共卫生服务。

社区卫生服务提供的基本医疗服务有一般常见病、多发病诊疗、护理和诊断明确的慢性病治疗，社区现场应急救护，家庭出诊、家庭护理、家庭病床等家庭医疗服务，转诊服务，康复医疗服务，政府卫生行政部门批准的其他适宜医疗服务。

目前对提供公共卫生服务范围确定的比较广泛，体现了社区卫生服务的重点对象，然而，对提供基本医疗服务执业范围界定过窄，它适用于社区卫生服务站，但社区卫生服务中心应用起来有点“大马拉小车”，因为社区卫生服务中心是由城市一级医院、部分二级医院转型而建立起来的，这些医院转型后，其服务不仅不应削弱，还应加强。一是服务对象是辖区内的全体居民，而不仅是弱势群体，应满足全体居民的医疗服务需求；二是将这些医疗机构服务功能降低到诊所、医务室、护理院水平，导致卫生资源的浪费。应保持和发展转型前原有的一、二级医院服务功能。《城市社区卫生服务机构管理办法试行》对社区卫生服务机构提供基本医疗服务的执业范围做了铺垫，即政府卫生行政部门批准的其他适宜医疗服务。否则，就会把社区卫生服务中心办成诊所，违背发展社区卫生服务的初衷。

二、机构的设置与执业登记

《国务院关于发展城市社区卫生服务的指导意见》要求，政府原则上按照3万～10万居民或按照街道办事处所辖范围规划一所社区卫生服务中心，根据需要可设置若干社区卫生服务站。卫生部、国家中医药管理局的管理办法更加具体化：人口规模大于10万人的街道办事处应增设社区卫生服务中心；人口规模小于3万人的街道办事处，其社区卫生服务机构的设置由区（市、县）政府卫生行政部门确定。

社区卫生服务机构有两个标准：一个是按照服务人口；另一个是按照街道办事处。从目前来看，大部分社区卫生服务机构是由一、二级医院转型而建立起来的，而且原来一、二级医院规模均不算小，所以，按照服务人口设置符合当前的实际情况。这样，一个社区卫生服务中心很可能横跨几个街道办事处。至于社区卫生服务中心是否下设社区卫生服务站的问题，笔者认为，不管社区卫生服务中心规模大小，都应下设服务站，体现直接为居民提供服务的原则。在机构设置过程中，会遇到原有街道卫生院归属问题，按照城市社区卫生服务发展规划，一般中小城市要取消区级医院，自然区辖街道卫生院应归并到社区卫生服务中心，转型为社区卫生服务站，从而防止卫生机构的重复设置。

按照医疗机构准入制规定，社区卫生机构的设置须由区（市、县）级政府卫生行政部门根据《医疗机构管理条例》《医疗机构管理实施细则》《社区卫生服务中心基本标准》和《城市社区卫生服务站基本标准》进行设置审批和执业登记，同时报上一级政府卫生行政部门备案。按照管理办法规定，社区卫生服务中心登记的诊疗科目应为预防保健科、全科医疗科、中医科、康复科、医学检验科、医学影像科、口腔医学科和临终关怀科，原则上不登记其他诊疗科目。确需登记的，须经区（市、县）级政府卫生行政部门批准，同时报上一级政府卫生行政部门备案。社区卫生服务站登记的诊疗科目应为预防保健科、全科医疗科、中医科，不登记其他诊疗科目。社区卫生服务中心诊疗科目的规定，不利于一、二级医院向社区卫生服务机构转型，原有诊疗科室停办，给其人员处理造成相当大的困难，另外也不能满足辖区内居民基本医疗的需要，社区卫生服务中心应按照一、二级医院诊疗科目登记。

按照管理办法规定，社区卫生服务中心原则上不设住院病床。现有住院病床应转为以护理康复为主要功能的病床，或予以撤销。政府倡一、二级医院转型为社区卫生服务机构。试想，原有一级和部分二级医院转型撤销病床后，怎么能与卫生服务中心的内涵相对称？怎么能为社区居民提供基本医疗服务呢？所以，此规定只适用于原有卫生资源缺乏、新开办的社区卫生服务中心，不适用于一、二级医院转型为社区卫生服务机构。在这方面，政府不应严加限制，应根据实际情况和居民医疗需求，决定是否设置病床。否则，与发展社区卫生服务的重要性，解决群众“看病难、看病贵”问题，对城镇职工基本医疗保险起着支撑作用的宗旨相背离。

执业登记的另一个要求是机构名称。社区卫生服务中心、社区卫生服务站是专有名称，未经政府卫生行政部门批准，任何机构不得以社区卫生服务站命名。社区卫生服务机构执业登记时，不得使用两个或两个以上名称，即挂某某医院和某某社区卫生服务中心两块牌子，其目的是强调社区卫生服务组织的专一性。

三、执业规则与业务管理

（一）执业规则

为实施全面质量管理、预防服务差错和事故、确保服务安全，社区卫生服务机构在执业过程中，必须严格执行规则。医务人员执业规则，从整体上须遵守国家有关法律法规、规章和技术规范，从具体上须建立健全以下规章制度，并严格遵守。

1. 人员职业道德规范与行为准则

职业道德规范含义比较广泛，在不同时期有不同的要求，在现阶段，要求医务工作者要“心系病人，把握医务质量的每个环节，尽我所能，抢救病人生命。因病施治、合理检查、合理用药，努力减轻患者医疗费用负担”“恪守职业道德，自觉抑制商业贿赂，决不利用职务之便，索取、非法收受患者财物或者牟取其他不正当利益，自觉维护医疗行业的公信力和医师的公众形象”。

社区卫生服务机构是行业特点突出的事业单位，其工作范围牵涉病人的生命安危。在医疗活动中，行为规范具有一定的系统性和独立性，确定了其特殊的行为准则。这些行为准则包括应尽到法定义务，充分告知，尊重病人名誉权、肖像权、处分权，不得拒收病人，重危病人转院陪护应尽安全保护责任，履行监护职责及严格执行医疗规范和护理规范。

2. 人员岗位责任制度

社区卫生服务机构的岗位设置要科学合理，岗位要坚持按需设岗、精简高效的原则，充分考虑社区的需求、单位的发展、人才结构和人才培养等多种因素。要建立健全岗位责任制，加强对岗位责任完成情况的考核，并将考核结果与奖惩挂钩。

3. 人员聘用、培训、管理、考核与奖惩制度

实行聘用制，按照公开招聘、择优聘用、平等自愿、协商一致的原则，单位与职工签订聘用合同，明确单位与被聘人员的责、权、利，保证双方的合法权益。社区卫生技术人员需依照国家规定，接受毕业后教育、岗位培训和继续教育等职业培训。要建立健全培训制度，在区（市、县）卫生行政部门支持和组织下，安排卫生技术人员定期到大中型医院、预防保健机构进修学习和培训，参加学术活动。社区卫生服务机构要按照劳动分配和生产要素参与分配的原则，进一步搞活内部分配，可以根据按岗定酬、按任务定酬、按业绩定酬原则，建立起重实绩、重贡献，向优秀人才和关键岗位倾斜，自主灵活的分配激励机制。

4. 技术服务规范与工作制度

工作制度应包括会议制度、职工奖惩制度、请示报告制度、总值班制度、文书和印章处理管理制度、请假和考勤制度、新技术和新项目准入制度、医患沟通制度、质量管理制度、病案管理制度、诊断书管理制度、抢救工作制度、急诊死亡病例讨论制度、三级医师查房制度、会诊制度、病例讨论制度、值班和交接班制度、病例和处方书写制度，以及各科工作制度等。

5. 服务差错及事故防范制度

服务差错和医疗事故的发生有两种可能：一是已经预见自己的行为可能会引发

病人伤亡，但相信凭借自己高超的技术、丰富的经验，避免对病人损害结果的发生；二是应当能预见自己医疗差错行为会引发医疗损害结果，但因疏忽大意而未能预见，致使发生某种病人身体损害结果，一旦出现医疗差错和医疗事故，就会引起医疗纠纷，不但给病人造成伤害，影响医疗机构的形象，而且要承担民事责任，所以，在医疗机构，预防医疗差错和医疗事故，显得十分重要。其预防措施是事先建立有效的防范制度，这些制度应包括技术准入制度、危急重病抢救制度、医务人员责任制度、治疗技术常规制度、医务人员交接班制度、转院病人陪护制度等。

6. 服务质量管理制度

医疗质量是指医疗服务的有效性和安全性，但在医疗服务发展过程中，人们发现，仅仅强调医疗技术的有效和安全是不够的，还必须强调医疗服务的时间效率、经济投入和病人对服务的满意程度，因此，医疗质量的内涵不断扩大。医疗服务的对象是人，不仅不同的病人患有不同的疾病，而且同一种疾病在不同病人身上的具体表现也可能有很大差异，卫生服务对象十分复杂。因此，必须在卫生服务过程中，加强质量管理，才有可能针对病人千变万化的具体情况，做出恰当处理，使病人的健康状况最大限度地获得改善。

根据质量管理作用阶段不同，可以将质量管理分为基础质量管理、过程质量管理和服务的终末结果管理三个阶段。社区卫生服务机构要围绕三个阶段，建立必要的制度，有针对性地实施质量管理。

在基础质量管理阶段，须建立人员准入制度、卫生服务规范和操作规程，以及医疗设备许可证制度；在过程质量管理阶段，须建立三级查房制度、会诊制度、病例讨论制度、病历书写制度、首诊负责制度等；在终末结果管理阶段，须建立各种质量评价和检查制度。

7. 财务、药品、固定资产、档案、信息管理制度

财务管理是社区卫生服务管理的一项重要内容，它以货币形式对经济活动进行综合管理，为保证各项业务活动和经济活动顺利进行，必须建立健全各项财务规章制度。包括现金管理制度、银行存款管理制度、固定资产管理制度、药品管理制度、库存物资管理制度、收入和支出管理制度，以及负债管理制度，使各种经济行为做到有法可依，有章可循，照章办事，由靠人管理的随意性转化为靠制度管理的规范化。

除此之外，还要求建立医疗废物管理和社区协作与民主监督制度。

（二）业务管理

为规范社区卫生服务行为，认真履行提供社区公共卫生服务和基本医疗服务职能，须加强对社区卫生服务机构的业务管理。

1. 居民健康档案管理

社区卫生服务要妥善保管居民健康档案，保护居民个人隐私。社区卫生机构在关闭、停业、变更机构类别等情况下，须将居民健康档案交由当地区（市、县）级政府卫生行政部门妥善处理。

2. 规范家庭服务行为

应严格掌握家庭护理和家庭病床服务的适应性，开展适宜的家庭服务。

3. 与大型医院建立转诊协作关系

社区卫生服务机构对限于设备或者技术条件难以安全、有效诊治的患者，应及时转诊到相应医疗机构诊治。对转诊病人，应根据医院建议与病人要求，提供必要的随访、病例管理、康复等服务。

4. 提供中医药服务

应配备相应的中医药设备、设施、药品，遵守相应的中医诊疗原则，开展中医药预防、保健、康复、计划生育技术服务、健康教育和常见病、多发病的诊疗服务。

5. 实行医药价格公示制

社区卫生服务机构应在显著位置公示医疗服务、药品和主要医用耗材的价格，严格执行相关价格政策，规范价格行为。

6. 合理购买和使用药品

社区卫生服务机构应配备与其服务功能和执业范围相适应的基本药品。从具有合法经营资质的药品经营单位购入药品，严禁使用过期、失效及违禁的药品。

第四章 居家养老方式的运作方式与选择

第一节 项目选择

一、政府养老方式运作选择的原则

（一）需求原则

这一原则实际上是社会福利理论中需要理论的现实延伸。本书已经介绍了需要理论的沿革、发展和相关内容，需要理论就是围绕着需要而展开的。社会人的需要是客观存在的，因为个体存在的人总有稀缺的资源并希望得到。现实中的所能提供的社会资源总量并不是取之不尽的，它总有一个总量上的极限。虽然以发展的眼光看，这一前提还有可商榷的余地，但是个体的社会人毕竟属于具体的历史时段，那些发展的眼光也许对于更为宏观和哲理性的人类问题更加适用。既然在具体的历史阶段，人类社会的可供满足需要的社会资源有限，那么必然涉及如何分配的问题。在设计养老保障政府职能时，不可避免地要回答这个问题。这就是说，政府作为人类目前为止最能或者说最应该能代表社会公共利益的主体，在职能范围内动用实质上属于社会民众的社会资源时，必须具有信服的理由和科学的安排。具体到社会福利领域中的养老保障问题，政府首先应该从社会福利的核心目标出发，以满足社会需要为基点，只有这样才不会在履行职责的过程中偏离方向。

我国目前的养老保障制度主要涉及城镇，还未涉及农村。但我国是个人口大国，大部分人口生活在农村，从需要的角度上看，农村老年人的需求同样需要满足，甚至在我国的城乡差距依然巨大、人口流动出现新趋势的当前，农村老年人的需求更为现实而迫切。那么，政府在分配社会资源的时候必须考虑各方需要，针对需要的轻重缓急安排相应的社会保障政策和具体措施。在战略层面上的方向性偏差将导致非常严重的后果，可能是数十年的积重难返，可能是不断在修正与变革中的物质浪费和精神彷徨。

在更为具体的层面，政府履行养老保障职能同样要遵循需求原则。由于长期以来，我国的政绩评测体系并不完善，一些政府官员在处理问题时没有遵循需要原则，而是以领导的喜好为原则，以“高、大、全”为原则，出现了很多政绩工程，其中就包括养老保障方面的生动案例。比如，为了应付领导检查，在缺乏充分调查研究的前提下盲目修建大型养老院，结果是楼房盖好了，领导满意了，工作却停滞了，大量的床位空闲，造成了巨大的浪费。政府这类行为就是没有坚持需求原则，在履行职能时必须纠正。

（二）客观原则

社会政策的制定并不是凭空产生的，针对具体的社会问题必须牢牢把握其客观特点并尊重其客观规律，否则就只能被历史所否定。

在宏观层面上，客观原则的一个重要的要求就是尊重本土文化。老年社会保障具有丰富的文化内容，尤其是对于拥有五千年文明史的中华民族来说，养老文化自成一派，影响深远。与其他国家特别是西方国家相比，我国的养老文化有着鲜明的特色。我国家庭养老文化产生于小农经济时代，与当时的生产力、生产关系相适应，也同样与中国封建人一统专制政体相一致，以儒学为主体的哲学思想，源于血缘的宗法观念，共同构建了传统文化的核心，并以此来确定封建君主的专制权力与封建社会的统治秩序，以及封建礼制的等级观念。而这些不仅靠皇权强制推行，还需要文化载体的保守作用使之渗入国民意识，而家庭与社会又是相互依存的政治关系，家庭内父子关系是社会上君臣关系的根基，社会上的君臣关系则是家庭父子关系的反映。正是这样的文化需要和历史条件，促成了中国养老文化的形成和发展，决定了“以老为尊”和“唯父是从”观念之间的依存联系。随着时代的发展和社会的进步，尤其是改革开放的深入及人口流动的加速，家庭养老文化逐渐弱化。平等、自由、独立、发展已成为时代的主题和当代青年追求奋斗的理想。在老年人方面表现为从被动消极养老趋向主动积极养老，表现出了烈士暮年、壮心不已，为社会多做贡献发挥余热的豪情壮志。在子女方面表现为养老敬老不拘泥于形式，“唯命是从”的观念已转变为追求个人发展，尤其注重自我价值的实现。父子之间相互依存的政治关系逐渐转为平等互利的新型社会关系。即便如此，在强调舍弃其否定人性、压抑自我等消极成分的同时，我们仍然要尊重并继续保持、发扬中国家庭养老文化传统中的优秀成分。

纵观世界各国，各种不同文化背景下的家庭制度与社会保障制度具有互动作用。西欧的价值观念支持了他们的社会保障制度，如个人主义、自主意识、独立精神，以及为维持高水平的社会保障而强制实行高负担，这些都支持了他们高度发展的养老社会保障制度。而在亚洲，家庭始终是社会的基石，即使是所谓的自力更生或个人责任及自我价值等观念，也都是在家庭的范围内孕育的。因此，对本土文化的尊重是尊重客观的一个重要方面，尤其是在道德传统深厚的中国处理道德意味浓重的养老问题时更应遵循这一原则。

在微观层面上，政府在设计老年社会保障制度时，既要符合当地老年人的数量、结构、身体健康状况和经济支付能力等需求影响因素，又要符合当地经济社会发展水平、财政支付能力、家庭结构变动情况、民间组织、慈善事业发展程度等供给影响因素，还要考虑现有的养老规划是否能满足未来老年人的需求。

二、养老服务项目评估

（一）养老服务项目评估概述

1. 养老服务项目的含义及分类

罗伊斯认为，项目是动用一定经济资源（包括资金和设备等），由人们多方参与并有组织地去达成目标，又相对独立的、持续性的一组活动。其中，社会项目是以促进社会发展为目标的项目，它以改善困难群体的生存状况、满足人们的正当需求为目标，广泛存在于反贫困、促进就业、公共卫生、弱势群体的社会服务等领域。优秀的社会公益服务项目则具有如下特征：有一定人员推动这项活动，有一定项目预算，有稳定的资助，被社会认可，有以证据为依据的研究基础，概念清晰并有理论基础作为支撑，遵循服务哲学，有系统的实证性评估。

养老服务项目是为老年人提供服务的社会项目。随着我国老龄化事业的发展，社会组织逐步壮大，养老服务项目也逐渐增多。例如，无锡市 2013 年公益创投活动，共有 105 个项目入围。其中，老项目 46 个，占总数的 43.81%，项目服务对象涉及空巢独居老人、失能老人、老年糖尿病患者等各类需要关爱的老年人。

养老服务的内容主要包括生活照料、医疗保健、康复护理、家政服务、精神慰藉、文化学习、体育健身、娱乐休闲、法律咨询、再就业、老年教育、紧急救援与其他服务等。

（二）养老服务项目评估的含义

现代评估研究的发展起始于 20 世纪 30 年代。第二次世界大战之后，评估作为新的研究方法被广泛运用于迅速扩展的社会问题领域。在评估研究发展史上，社会项目评估（Program Evaluation）占有重要地位。正因如此，狭义的评估研究已近似于社会项目评估。社会工作领域的项目常常被称为社会服务项目、福利服务项目或社会项目。社会工作项目通常是指由社会工作者推动或参与推动的，旨在改善服务对象的生存状况，使其走出困境，促进其发展，以适应正常社会生活的一系列持续行动。

养老服务项目评估是项目评估在养老服务领域的应用。养老服务项目评估是指利用科学的方法，系统、全面的调查研究养老服务项目的绩效。其评估主体可以分为三类，即社会工作者或社会服务机构、相关上级和第三方评估。社会工作者或社会服务机构的评估属于内部评估，社会服务机构作为评估主体时，有时是机构服务人员参与评估，有时是管理机构出于管理目的进行的自上而下的评估。相关上级和第三方评估是非本服务机构提供的两种评估。相关上级评估是指对某社会服务有管理权、检查权的政府部门对社会服务机构进行的评估，也包括大型社会服务机构的上层对相对独立运营服务项目的评估，也称为内部的外部评估。第三方评估是由与社会服务机构及其资助者无关的机构对社会服务机构进行的评估，具有相对独立、科学和客观的特点。此外，社会服务对象在某种程度上也可能成为评估主体，如服务对象满意度评估。

（三）养老服务项目评估的分类

按照项目的进程，可以把养老服务项目评估分为三类：服务前评估、服务中评估、服务后评估。

服务前评估，即需求评估和方案评估。评估目的主要是：设计评估需求，确定社会投入是否针对当前迫切需要解决的问题及其目标对象。

服务中评估，即过程评估。一个好的项目除了要有明确目标，还离不开计划的落实和执行。项目执行过程中的监控及项目完成后的目标评估，对于服务项目质量、项目目标的实现都有不可或缺的作用。

服务后评估，即结果评估，检验项目是否实现了预期的影响，判断项目的效率，评估的项目是否属于同样投入状态下的最佳选择，其单位收益或效益是多少。

第二节　组织选择

社会养老服务发展目标的科学性离不开对老年人的能力评估和现有养老资源评估。建立和健全养老服务评估制度和评价指标体系，是养老服务体系目标与任务制定的前提和基础，也是积极应对人口老龄化，深入贯彻落实《中华人民共和国老年人权益保障法》，保障老年人合法权益的重要举措。本节试图从理论与实践相结合的视角，从养老社会服务系统整合的层次，全面阐释评估工具在养老社会服务中的具体应用。养老社会服务作为改善老年人福利状况的干预行为，既是一个机构的管理行为，也是一个政府的政策行为。养老服务评估包括养老服务对象评估、养老服务项目评估（微观）、养老服务机构评估（中观）、养老服务政策评估（宏观）四个类别或层次。针对服务对象的评估，可以为个人福利服务提供数据基础；针对服务项目的评估是对群体福利服务的社会干预；针对服务机构的评估能促进服务机构管理能力的改进或提升；针对服务政策的评估可以有效监测其运行，并进行相应的完善。全方位的评估其最终目标是为改善老年人的福利服务，为造福老年人而努力。

一、组织公平性理论

组织公平性是指工作场所的公平性，特别是指员工感知的公平性。自从美国学者亚当斯（J.S.Adams）于 1965 年提出衡平理论以来，社会科学理论工作者对公平性理论进行了大量的研究。美国学者泰艾勒（Tom.Tyler）等人在《多样化社会中的社会公平性》一书中指出，公平性理论研究经历了以下四个发展阶段。

（一）“相对匮乏”理论

美国社会学学者克罗斯比（Andy Crosby）认为，“相对匮乏”有两个含义：第一个含义是人们对获得的结果与应该获得的结果进行比较之后产生的负面情绪。第二个含义是学术界解释人们如何产生这些负面情绪与这些负面情绪引起的后果的理论。根据“相对匮乏”理论（Crosby，1976），人们的满意程度并不是从他人那里获得的客观结果直接决定的，而是由人们对自己获得的结果与某种标准比较的结果决定的。人们因“相对匮乏”而产生负面情绪的过程是：人们获得或预期可获得某种结果；人们对这种结果与某个标准（通常是指他人获得的结果）进行比较；如果人们获得的结果低于这个标准，就会产生愤慨或不满情绪。人们采用的比较标准不同，会对同样的客观结果做出不同的评价。例如，在两个不同的企业里，甲企业员工很难晋升职务，乙企业员工能很快晋升职务。如果甲企业的员工对自己和同事的职务晋升机会进行比较，就不会感到愤慨。如果甲企业的员工对自己与乙企业同类员工的职务晋升机会进行比较，就会产生比较强烈的不满情绪。

然而，一般认为“相对匮乏”理论并不是公平性理论。许多组织公平性理论研究人员指出：“相对匮乏”会引起不满情绪，却不一定会引起不公平感。例如，人们可能会因工资过低而产生不满情绪，却不一定会产生不公平感。人们之所以会产生不公平感是因为他人违反了伦理道德准则，而并不是因为自己未能获得更有利的结果。

（二）结果公平性

美国学者德慈奇（Morton Deutsch）认为，结果（分配）公平性指员工对企业的人力资源管理决策结果是否公平的评价。亚当斯是最早研究公平性的学者，他于1964年提出了衡平理论。根据衡平理论，人们会对自己与他人的得失之比进行比较。如果人们发现自己的得失之比低于他人的得失之比，就会产生不公平感。换句话说，人们更重视“产出”的结果，而并不关心这个结果的产生过程。

因此，衡平理论是解释结果公平性的理论。此后，许多学者应用亚当斯的衡平理论，研究组织行为学理论。他们认为，员工对自己与其他员工的“投入”和“产出”进行比较之后，也会产生公平或不公平的感觉。员工的“投入”是指员工付出的努力、员工的能力、员工受教育程度、员工的工龄等。员工的“产出”是指员工得到的回报，包括工资、奖励、职位晋升、工作自主权等。他们指出，衡平理论只解释结果公平性的形成过程，而没有解释结果公平性对个人和企业的影响。因此，学术界应研究结果公平性对员工的态度和行为、企业绩效的影响。

企业管理学术界对员工对结果公平性的反应进行了不少实证研究。然而，许多学者得出了相互矛盾的结论。美国学者休斯曼（Richard C. Huseman）、赫特费尔德（John D.Hatfield）和米尔斯（Edward W.Mills）认为，许多学者忽视员工对结果公平性的敏感程度，是他们得出相互矛盾结论的一个主要原因。他们认为不同的员工对结果公平性有不同的敏感程度。因此，他们把员工划分为以下三种类型。（1）行善者。这类员工希望自己的得失之比低于比较对象。他们愿意牺牲自己的利益，帮助他人，表现出利他倾向。（2）敏感者。这类员工希望自己与比较对象的得失之比相同。他们既会因报酬过低而苦恼，也会因报酬过高而内疚。（3）应得者。这类员工希望自己的得失之比高于比较对象。他们非常计较自己的得失，会因自己的投入大于产出而苦恼。

（三）组织公平性与服务公平性的关系

在现有的文献中，只有美国学者麦克斯汉姆和尼特梅耶在补救性服务环境中对鲍恩等人论述的“外溢效应”做过实证检验。他们在美国某电子设备零售企业的研究结果表明，员工感知的三类组织公平性通过员工针对顾客的角色外行为，影响顾客感知的三类服务公平性，进而影响顾客的满意感、购买意向和口碑。他们指出，管理人员公平地对待员工，可激励员工主动承担角色外工作任务，尽力解决顾客投诉的问题（Maxham and Netemeyer，2003）。但是，他们只检验员工针对顾客的角色外行为对员工感知的组织公平性与顾客感知的服务公平性的中介作用，而没有检验员工的工作满意感、对管理人员的信任感、对企业的归属感的中介作用。在本项研究中，笔者提出了一个更全面的概念模型，在正常的服务环境中检验鲍恩等人论述的“外溢效应”。

二、居家养老服务评估

居家养老服务评估或评价指标体系是属于养老服务评估的重要内容之一。居家养老服务是我国政府提倡也是适合我国国情的基础性养老服务模式。要使居家养老成为可能，除了需要完善的居家养老保障制度，还离不开一套具体实施的操作制度。这套制度包括评估机制和评价指标体系。

建立老年人居家养老评估机制，离不开科学发展观的指导。老年人居家养老评估机制的建立必须是以保障老年人居家养老服务需求为核心，在科学确定评估标准的基础上，制订相应的评估方案，并设计评估流程和培训评估队伍。评估最终结果必须被高效利用，成为政府决策、政策制定和社会力量参与的指南和重要依据。

（一）居家养老评估机制设立的背景

快速的人口老龄化在给老有所养带来巨大压力的同时，也给经济社会发展带来了挑战和机遇。让老人留在熟悉的环境中安度晚年，让社区承担重要的照顾功能，这是老人自身及其家庭、社会和政府共同努力的方向。人口老龄化程度加深，必然造成养老需求的增加。政府承担老年人中特殊困境老人的养老责任，老年人照顾的量和质方面均会急剧增长。政府福利支出和社会化养老需求的压力增加，需要对社会老人养老需求有一个科学化和规范化的评估，以此为决策提供依据。

（二）居家养老评估机制服务的对象

居家养老评估对象包括养老组织、家庭及其老人。针对居家养老中心组织及社区其他养老服务组织的评估，一方面是为了规范化管理，另一方面是对其功能发挥、机构运作和社会效益进行科学化评估，为居家养老功能的实现提供管理科学、运作有效的保障。针对居家服务或社区照顾的老年对象及其家庭评估，主要突出家庭养老功能及老年人自身能力，为社会化养老服务发展方向提供决策指引。针对其他有特殊困境的老年对象及家庭的评估，主要为政府的福利政策制定提供依据。

（三）居家养老评估工作者

提供居家养老评估的工作者应为具有操作资格证书的专业人员，例如，具有社会工作者、护士、职业治疗师或物理治疗师等资格证书的人员，并经过居家服务评估培训后才能上岗。

（四）居家养老评估的操作程序

第一步，申请。对象应向居住所在地的居家养老服务中心或社区居委会，或直接向居家服务评估组织提出申请，可以有口头和书面两种形式。

第二步，受理。居家养老评估组织的工作者收到申请后，需要对申请者的相关信息进行初审，并填写相应表格，由专业评估员对申请对象进行面谈，对其本人及其家庭、社区环境进行评估。制定评估报告并由申请者本人签字同意。

第三步，复核审批。评估报告汇总后由居家评估组织进行复核汇总，报送民政局居家养老服务管理办公室，组织相关人员及专家进行会评，确定购买服务内容和金额，并报送民政局领导和相应财政支付单位。

第四步，资金拨付和服务提供。经确认无异议，由政府财政部门提供资金，并通过服务购买，由相应的专业组织提供服务。

第五步，服务评估和资金审计。服务完成，由第三方进行评估，并对相应的资金进行审计。

三、居家养老服务组织发展

目前，民间组织和非营利性机构数量虽然不少，但由于制度安排“体制性障碍”及自身等诸多因素，相当一部分规模偏小，抗风险能力弱，难以成为社区为居家的老年人提供社会化、专业化服务的中流砥柱。目前，有关农村居家养老成功的经验和做法，还几乎是空白，尚停留在计划、要求和少数地区的试点阶段。与城市相比，严重滞后。

居家养老是一个庞大的社会系统工程，涉及10多个部门及街道（乡镇）、城乡社区。如何运用现代管理理念和管理手段、管理方法，协调好部门与部门，部门与街道（乡镇）、社区的关系，建立起高效、有序的运行体制、机制，使社区的资源得以有效整合和优化配置，发挥其最佳、最大效益，构建行之有效、简便易行、耗费较小的监督评估机制等方面都还有许多工作要做。

第三节　运作方式

一、养老基金运作模式分析探究

完全积累制则是每位劳动者在职时为自己的养老金进行的积累，退休时可以得到的养老金数量取决于积累的基金与基金运作的绩效。部分积累制介于前两种模式之间。

企业补充养老保险并无统一的筹资模式。从国外的实践来看，一般都采取全基金式的筹资模式，法国是唯一的例外，它实行全国统筹、现收现付的强制性的补充职业年金计划。国外企业补充养老保险的缴费，往往由雇主和雇员共同负担（也有完全由雇主负担的），且雇主负担比例一般远高于雇员。根据缴费额和受益程度之间关联度的不同，企业补充养老保险计划可分为待遇确定型和缴费确定型两种。在待遇确定型的补充养老保险计划中，雇主向雇员承诺雇员退休后能拿到一定数额的退休金，职业年金的享受资格也是事先规定的，而保险费的缴付则随时根据需要进行调整，由于待遇水平具有较强的刚性，雇主可能会由于退休人员的增多、企业经营状况的改变而不堪重负，甚至导致破产。在缴费确定型的补充养老保险计划中，雇主和雇员按预先确定的比例缴费，到工人退休时，根据缴费的积累额及投资营运的收益额状况进行一次性的或定期的年金津贴支取，由于缴费确定性的企业补充养老保险计划一般实行个人账户积累制，个人账户可随个人职业的转换而转移，同待遇确定型的补充养老保险计划相比，雇主的供款负担较轻，且不需要雇用精算等方面的专业人才，管理成本较低。但是这一模式在其实施初期，要对在该制度模式实施前已参加本企业工作而又在制度实施过程中退休的“中人”进行补偿。

我国企业补充养老保险属于非严格意义上的缴费确定型筹资模式。保险缴费所需资金，主要由企业负担，也可以由企业和个人共同负担，但个人缴费部分不得超过供款总额的一半。企业供款水平，可以依据企业的经济效益情况确定，经济效益好时可以多补充，经济效益不好时可以少补充或暂不补充。我国企业补充养老保险尚未规定固定的缴费率，但是随着企业补充养老保险制度的发展和完善，从趋势上看，将逐步向固定缴费率转换。

二、提高老龄工作委员会的决策地位和决策能力

由于老龄问题的复杂性和重要性，有必要根据政府养老角色定位对现行的涉老管理部门在机构、功能、资源上整合，明确政府养老管理责任，提高政府养老管理组织的行政级别，提高政府养老管理机构的权威性。为满足政府承担养老责任的需要，政府应成立具有养老决策、执行、监督、咨询、评估、维权等工作机构。政府老龄工作机构应由三部分构成。一是设立决策机构——老龄工作委员会。该机构为老龄议事决策机构，负责养老制度设计；负责政府养老政策、老年公共服务基础设施投入决策、老年基本生活保障标准、老年基本医疗保障标准、老年最低生活保障标准、五保户供养标准、老年专项困难救助标准、老年临时困难救助标准、失地保障标准、居住保障标准、老年产品和服务标准的制定与颁布。老龄工作委员会每年应定期召开常务会议，切实行使决策权，提高决策能力。老龄工作委员会为老龄工作的最高决策机构并授权老龄工作局，具有协调、指导、评估、监督政府各职能部门执行老龄政策的权力。二是设立老龄工作局——为常设政府机构，负责老龄工作协调、老龄事业指导、老龄工作监督、评估和老年维权。三是设立执行机构，与老龄工作相关的职能部门根据政府部门分工和老龄工作委员会的决策负责老龄政策和老年福利的执行，提供基本养老、基本医疗、基本生活照料、特困救助服务能力。

老龄工作委员会和老龄工作局可以单独或与其他政府部门或社会组织合作组建

专业委员会。比如老年人权益监督委员会、老年服务监督委员会（承担老年服务申诉受理或裁定责任）。老年产品和服务标准委员会，养老能力与服务需求评估委员会。

政府老龄组织架构的优势在于老龄工作委员会可以对老龄问题进行整体考虑，提升老龄问题决策地位和决策能力，明确政府各职能部门的养老责任，强化各部门的养老执行能力，充分考虑老龄工作的历史和现状，有利于养老积极因素的调动。本框架将老龄工作局定位为政府法人单位，强化其在老龄管理工作中的监督、协调、指导、咨询、评估与维权作用，从而使老年人的权益得到最大限度的保障。老龄政策执行部门分散在相关的政府机构，有利于社会资源的整合和业务的专业化，将执行与决策和监督分开。

三、养老战略科学化的实施措施

实现管理现代化，所谓养老管理现代化是指应用现代科学技术的理论、方法和手段，进行有关养老活动的计划、组织、指挥、协调、信息和控制等一系列管理工作，以适应生产力发展的需要，使管理水平不断提高的过程。其主要手段是现代科学技术及科学思想的应用。随着我国现代化进程的不断推进，各项事业不断完善、发展，养老管理作为社会保障事业的一个重要组成部分，其现代化的进程也是我国现代化进程的重要标志。特别在我国老龄化问题日渐突出、养老资源有限的条件下，迫切需要用现代化的管理方法来解决一些养老服务质量不高，养老资源浪费、闲置等问题，使有限的资源充分发挥其应有的效用，提高养老服务质量和管理水平，因此，庞大的养老服务需要养老管理现代化。养老服务设施现代化是满足老年人多层次需求的重要条件。养老服务设施主要包括机构养老设施和居家养老设施。机构养老设施，主要是指以政府主导形成的区域内社会化养老机构的主体，为老年人提供助养、生活护理等综合性服务的机构，包括各级机构的基本保障型、生活护理型、自助公寓型养老设施。社区居家养老设施，主要指依托养老机构和社区服务设施资源，通过上门、日托等形式，为老年人提供助餐、助浴、助洁、助行、助急、助医等专业化服务设施。无论是机构养老设施还是居家养老设施，都有现代科学技术的应用，所以管理现代化必须以现代化科学技术为具体手段，现代科学技术是国家有效开展老龄工作，提高养老服务质量，保障我国各层劳动人民养老服务需求的重要保障。

第四节　项目流程管理

一、养老机构经营管理概述

（一）机构经营的概念

经营是“筹划、策划并管理”之意。经营目的在于创造价值，追求效益的最大化。经营的环境是市场，存在着竞争，需要策划。策划的前提是看准市场，找准定位，因此需要进行市场论证。在找准市场的基础上要明确经营方针、经营目标与方法手段，这就是经营策略。符合市场规律的经营可以使企业在较短的时间谋求较快的发展，取得较好的经营业绩。违背市场规律的经营，常常把企业引入歧途，蒙受损失，深陷泥潭。这些企业经营的一般规律同样也是养老机构的经营规律。

养老机构的经营可以理解为一种特殊的商品——养老服务，尽管这种服务产品在我国早期是救济性、免费的，主要针对城市“三无”、农村“五保”人员，不存在竞争。但是随着社会经济的快速发展，市场经济制度的建立，养老服务业必将走向市场。毋庸置疑，日趋严峻的人口老龄化形势为养老服务业的发展提供了广阔空间，但是，这种人口老龄化所带来的巨大集中养老需求又受到来自经济因素的制约。应当清醒地认识到我国是在经济尚不发达，即“未富先老”的背景下快速进入老龄化国家行列的。政府投入不足、优惠政策难以落到实处、社会保障面窄、水平低和老年人支付能力有限，都给养老机构经营发展增添了困难。在这种情况下，如果没有好的经营理念，符合国情和市场规律的经营策略与管理方法，即便是国办的养老机构也将会面临生存与发展的危机。因此，国民必须高度重视养老机构的经营与发展。

经营需要管理，没有管理的经营是混乱的经营，是低效或无效的经营。养老机构经营管理的目的就是满足老人及其亲属的需求，取得良好的效益，实现养老机构自身发展的目标。现阶段在政府投入不足、优惠政策难以落到实处和老年人支付能力低的情况下，养老机构尤其应当重视经济效益。没有经济效益，养老机构难以生存与发展，社会效益也无法实现。

（二）养老机构经营管理

从上面的阐述中我们不难看出要使养老机构经营有方，效益突出，必须有自己经营的特点、特色和一整套行之有效的经营方略和管理方法。

1. 市场定位

理想的市场定位应当是具有很大发展空间、可以产生较大经营效益的细分市场。要从多种角度思考市场，寻找被人忽略的，但又有巨大潜在需求的目标人群、经营项目。

2. 经营方针策略与目标

经营的宗旨和总的期望便是经营方针，它是宏观的、具有方向性与定性，应该与养老机构服务宗旨相一致。为了实现经营方针，需要将经营方针转化为可以量化的经营目标和具体的指标。经营目标不是随意制定的，应当与经营方针相吻合。当经营目标和指标达成时，方针应能得以实现。在养老机构中，每一个经营目标可能涉及几个，甚至所有的部门。如果只有一个总体目标，没有具体的目标和检测指标，当其未能达成时，就很难分析其中的原因，更无从采取措施，予以改进。因此，养老机构必须将总体目标和具体指标分解到各部门。在制定经营目标时要做到“SMART”，它是由以下五个英文单词的首字母缩写构成的。

（1）明确（Specific）。

目标和指标应清楚明白，不应该是一种愿景或理念，而应是明确的和切实需要完成的任务。

（2）量化（Measurable）。

量化的目的是考核目标和指标是否达成，并采取相应的改进措施。

（3）认同（Agreed）。

目标和指标不能是高层管理者的一厢情愿。因为所有的目标和指标都需要员工共同参与实施，才能达成。只有让全体员工认同所制定的目标和指标，才能更好地发挥员工的积极性，从而提升目标和指标达成的效果和效率。

（4）可实现（Realistic）。

经营目标和指标不可以好高骛远，应当是通过努力可以达成的。不切实际的目标和指标是空喊口号，会丧失其存在的意义，还有可能挫伤员工的积极性。

（5）规定时间（Time Based）。

所有的目标和指标都应规定完成的时间，目标和指标的实施方案应按规定的时间来策划、执行和考核。

目标和指标保证“SMART”是有效实施和达成的前提。

二、政府养老服务资源配置

要达成经营目标，继而实现经营方针，就离不开资源。无论是人力资源，还是物力（设施、环境）资源，都是养老机构投入的资本。对任何一个养老机构而言，资源都是有限的。要使有限的资源发挥出最大的效用，就需要对资源做出合理配置。

（一）明确资源配置

养老机构首先必须明确需要多少人，这些人需具备怎样的能力和素质，物力资源也同样要有明确的要求。资源配置强调合理，既不可过高、过多，也不可过低、过少，应与养老机构经营目标和实际工作需要相一致。

（二）加强资源维护

我们国家一直注重“以人为本”，人力资源是最重要的资源，因此对服务人员应当倍加关心和爱护，为职员创造良好的工作和生活环境，可以建立激励机制，以此来培养员工爱岗敬业的职业道德，帮助员工提高业务素质，建立与养老机构的市场定位、经营方针和养老机构形象相匹配的企业文化。最终使养老机构能找到人、用对人、留住有用之人，形成一支高素质稳定的员工队伍。对物力资源要建立预防性维护制度，降低故障率，延长使用寿命，从而使同样的投入产生更多的产出。

（三）注重资源使用效率

养老机构管理同样要追求经济效益，没有经济效益，社会效益也无法实现。追求经济效益必须重视资源使用效率，即以同样的资源投入得到更多的产出，或者以较少的投入来获得同样的产出，才能给养老机构带来更多的经济效益。但是注重效率和效益的前提是保证服务的水平、质量不降低，老人的需求得到满足，否则，就是唯利是图行为，将会是社会所唾弃的对象。

（四）加强养老机构的经营监管

养老服务机构要实现预定的经营目标，必须加强整个经营过程的监督管理。要检查行政职能部门履职情况、业务部门经营指标完成情况、每位员工履职情况，以及各项操作是否规范，是否存在漏洞。只有各个环节紧密衔接、密切配合，保证质量，才能实现养老机构的总体经营目标。

三、我国国办养老机构经营策略

随着社会经济的发展，城市“三无”老人逐渐减少，政府在这一块的投入也将随之减少，取而代之的是公共财政将更多地用于民办公助、政府补贴和购买服务。像辽宁省已明确表示政府今后不再独资兴办养老机构。国办养老机构单纯依靠政府财政拨款生存的时代即将过去，国办养老机构必须走面向社会、自主经营、自负盈亏的市场化经营之路。

国办养老机构要走出困境，必须突破管理上、体制上的“瓶颈”，改革是唯一的出路。转变观念、创新经营管理模式、找准市场定位、主动参与市场竞争，才能谋求国办养老机构更大、更快的发展。现阶段国办养老机构经营应注意以下问题。

（一）不忘历史使命

国办养老机构承担“三无”老人供养任务，这是国家赋予的历史使命，也是国办养老机构获得政府拨款的重要依据，必须不折不扣地完成，并且要逐步改善“三无”老人的生活条件，提高服务质量，使他们感受到党和政府的关怀。

（二）拓展经营空间

国办养老机构发展空间在于面向社会开放。要转变观念、开拓市场，找准定位、制定目标、整合资源、挖掘潜力、注重质量、扩大规模，吸引更多的社会老人入住。规模扩大，社会老人增多，经营成本得到有效分摊，其经营效益也将随之提高。

（三）充分利用自身优势

国办养老机构参与市场竞争有着比其他养老机构更多的优势，用好这些优势，可以使国办养老机构得到更快、更好的发展。现阶段国办养老机构可以借国家大力发展老年社会福利事业的有利时机，以房屋改造、机构扩建、设备更新等理由争取政府更多的投入。此外，还可以争取政府各种补贴、社会的支持、慈善机构的捐赠，以及积极参与“爱心护理工程”等建设项目。

（四）转变经营机制

国办养老机构扩大经营规模同样存在着资金紧缺问题，除了向政府争取资金外，还可以面向社会募集资金。例如，可以试行“一院两制”的经营策略，即在保证国有资产不流失的前提下，国办养老机构以土地和技术作为资本，与民营或外资企业合作开发新的养老服务合作项目，走市场化运作模式。此外，对于长期亏损的国办养老机构可以试行国办民营的经营模式，让有能力的社会人士参与经营，使国办养老机构走出困境。

总之，国办养老机构可开发的服务项目还有很多，应根据时代的变化、老人的需求，适时调整、拓展。

四、我国民办养老机构经营管理

在国家社会福利社会化政策的引导下，民办养老机构迅速崛起，特别是在经济较发达地区，民办养老机构发展迅速，涌现了一大批诸如广州寿星大厦、广州友好、北京太阳城、天津鹤童、宁波颐乐园青岛星光、上海亲和源等规模大、设施好、服务质量高、经营业绩显著的民办养老机构。民办养老机构的兴起代表着我国养老服务事业的发展方向，将成为一支不可或缺的力量。

（一）民办养老机构经营现状与存在的问题

1. 公办养老机构与民办养老机构间的差异

通过对养老机构的调查了解，可以发现公办养老机构与民办养老机构在诸多方面存在比较明显的差异。

（1）最直观的收费上，公办机构明显低于民办机构。调查中的上海市公办养老院每月收费在 699 元左右，而洛阳市的一般性民办机构每月收费在 900 元左右，层次更高的民办机构则都在 1000 元以上。而上海与洛阳无论在经济水平、生活成本上都无法相提并论，但洛阳市的普通民办养老院的费用却高于上海市公办养老院，不得不说这是公办养老机构与民办养老机构间的一个显著差异。

（2）入住率上，公办养老机构大多达到 90% 以上，而民办机构却维持在 40% 左右，一些更高档的养老院甚至更低。

（3）服务人员资质上，公办机构人员一般有定期的培训和考核，具有一定的技能。民办养老机构则多为经过简单培训、不具备专业护理资格的再就业人员。同时，公办机构更能吸引就业者。

（4）资金来源上，公办机构来自服务收费和政府拨款两方面，较少出现收不抵支的亏损状况。工作人员收入由国家给付，较有保障。而民办机构则基本属于自负盈亏，依靠收费维持运营，因而容易陷入两难的境地：收费高，接受度低，入住率低；收费低，收入常常难以维持运转，人员工作难以保障。

（5）社会认可度上，多数居民更认可公办养老机构，认为政府经营更有安全感。笔者认为，这是我国社会长期形成的、经济体制等因素影响下的一种普遍心理。

这些因素最终造成了我国公办养老机构供不应求，民办机构资源闲置的现状。与老有所养、社会养老的初衷相悖，反映了我国社会化养老服务体系中的一些问题：公办养老机构与民办养老机构存在事实上的诸多不平等，民办养老机构的优惠政策无法落实。机构养老是我国养老体系的重要一环，早在 21 世纪初，国务院办公厅 19 号文件就转发了民政部、原国家计委（现为国家发展和改革委员会）、原国家经贸委（现为国家发展和改革委员会）、教育部、财政部、原劳动和社会保障部（现为国家人力资源和社会保障部）、原国土资源部（现为国家自然资源部）、建设部、外经贸部、卫生部、税务总局《关于加快实现社会福利社会化的意见》中就有了对民办养老机构在用地、税收、医疗等方面的优惠政策，并在 2001 年民政部、税务总局的《关于对老年服务机构有关税收政策问题的通知》中提出了对民办养老机构的扶持。而多年来民办养老机构的境况却没有发生大的转变，仍处于低成本运营，人力资本、服务质量不足的状态。这使民办机构陷入了“低收入—低产出—低投资—低质量—低认可度”的恶性循环。

2. 造成民办养老机构存在问题的原因分析

（1）地方对养老机构的定位不清晰。机构是实现老年人福利最大化普及、实现社会再分配的重要方式。建立、发展养老机构的最终目的是使有需要的老年人老有所养，保障其老年生活的安定，进一步使老年群体能共享社会发展的成果。因此，无论公办养老机构还是民办养老机构，政府都应以使其功能发挥最佳为导向，而非与其利益关系。执行中政策走样、缩水情况普遍存在，致使中央的好政策无法惠及各地。税收、土地、融资等方面的困难使民办养老机构举步维艰。

（2）地方偏好依然存在。作为政府下设、直接管理的单位，公办养老机构与政府有着不可分割的关联，同时也是政府的一种形象代表，自然得到政策等各方面的优惠。正因如此，出现了太原市斥资 4420 万元建造豪华三星级老年公寓的惊人现象，234 张床位仅 6 人入住。

（3）管理层次低，没有较统一的法律法规管理，各地财政实力悬殊，致使层次不统一，缺乏监督等问题出现。严重影响了民办养老机构的生存环境。

（4）地方在相当程度上会引导民众的选择，我国普遍推崇政府的文化心理也使民办养老机构的认可度低。

应当看到我国民办养老机构经营状况参差不齐，多数民办养老机构设施简陋，服务质量不高，管理不够规范，入住率低，经营效益差。目前存在的最大问题是优惠政策不能落到实处，缺少政府的支持，最大的困难就是资金不足。民办养老机构资金来源单一，没有政府拨款和补贴，也不能得到银行贷款，只能依靠自己有限的资金，由此导致了硬件设施差、员工素质低、服务质量上不去、经济运行质量不高等问题。此外，民办养老机构还存在着不规范经营的现象，例如项目建设不申报、经营不注册登记等。我们曾经考察了某县四所民办老年公寓，发现没有一所注册登记，经营时间最长的超过 9 年；以非营利性质注册登记、以营利性质经营是较为普遍的现象；另外还有，打着养老机构建设项目名义圈地、搞房地产开发和其他经营项目，打着“会员制”名义非法集资等现象也并非少见。

（二）民办养老机构经营策略

1. 充分的市场论证

养老服务业是一个投资大、回收周期长、高风险、微利行业，投资人对此应有清醒地认识。应当在充分的市场调查、分析、论证的基础上，慎重决定是否进入养老服务业。在没有充分把握之前，应暂缓进入本行业。

2. 寻求政府和社会支持

尽管寻求政府直接资金支持有难度，但还是应当争取，比如，可以争取政府出面协调落实优惠政策，争取政府一次性床位建设补贴和经常性床位补贴政策。目前已实施政府床位补贴的地方有上海、福建、南京、杭州、苏州、青岛、大连、常州、南宁、淮安等数十个省市，其中，上海市补贴的标准最高，除了市民政局每张床位 5000 元一次性建设补贴外，各区级财政按照 1 ： 1 的比例配套，上海浦东新区配套补贴标准甚至高达每张床位 5000~24000 元。同时，上海市还有 100~120 元 / 月经常性的床位补贴。这种政府床位补贴是今后发展的趋势，将在一定程度上缓解民办养老机构资金短缺的难题。另外，民办的养老机构应该加大宣传力度，扩大影响力，多途径寻求社会的支持和慈善组织捐赠。

3. 民办养老机构应加强管理

民办养老机构资金紧张，缺乏政府支持，更需要加强机构内部的管理，规范人员的服务与经营行为，降低机构的经营成本，提高服务人员的服务质量与社会经济效益。此外，政府主管部门也要加强对民办养老机构的指导与管理，要推行行业准入制、年度审核制，真正把民办养老机构纳入政府管辖范围。

4. 民办养老机构应重视规模经营

重视规模经营能够提高人力、财力、资源的使用效率，同时降低经营的成本，扩大服务的内容，提高经营效益，应该从战略的高度重视规模经营问题。

5. 其他

养老机构经营管理贵在学习、借鉴和创新，因此，管理者应当经常走出去参观考察，学习借鉴，包括国内和国外的一些先进的经营理念与模式，甚至国办养老机构一些成功经营方式或做法也是值得学习的。

第五章 现代城市交通服务

第一节 城市交通的人性化

本节从城市居民的角度出发，对交通人性化的含义及特征进行了概述，并对城市交通系统中缺乏人性化的设计进行了研究，按照从宏观到微观的思路，从交通发展战略、交通设施等方面提出了解决城市交通中人性化问题的根本方法。

一、城市交通人性化问题的提出

交通问题是世界各国都关注的突出问题，随着改革开放以来我国经济的迅速发展，汽车工业的进步与城市化进程的迅速加快，汽车行业的迅猛发展不但是城市扩张的推动力，也是城市化的必然趋势。在城市发展过程中所产生的“车本位”思想日益突出，却日渐忽略了“为什么发展城市”这个问题。刘易斯·芒福德曾提出:“城市的存在不是为了汽车通行方便，而是为了人的安全与文明。”

随着生活品质的提高，城市居民对人性化的重视程度也日益增加，其中包括城市设计中的人性化体现，而交通系统作为支撑城市存在和发展的骨架，交通规划设计中的人性化体现更是关乎居民的日常生活。长期以来，“车本位”的规划思想将机动车的通行作为首要目标，行人和非机动车的通行则受到限制，而这种规划理念也造成了大量的城市污染和交通拥堵。关于交通规划设计的人性化研究，国外的发展速度较国内快，而国内的城市规划起步较晚，同时对人性化交通的理解力度也不够，虽然近年来对“人性化”有了更多关注度，但实施力度还较小，在城市设计中还是一味地为小汽车找方便。近年来绿色交通的发展在我国得到空前的重视，国务院于2013年印发的《国务院关于加强城市基础设施建设的意见》将“步行和自行车交通”“绿色交通”提到了国家政策的层面，改变传统的“以人为本”的笼统表述，旗帜鲜明地确立了“行人”在交通系统中的优先地位。

二、城市交通人性化的含义及特征

（一）城市交通人性化的含义

人性化的城市交通可以理解为交通技术与交通参与者的关系协调，让城市交通的发展围绕交通参与者的需求来展开。城市交通人性化的“人”指的是参与城市交通的出行者，即城市居民，主要包括两种人：当代人和后代人。城市交通人性化要求在生理和心理需求方面都满足这两种人的出行意愿。

具体应包含下列几个含义：安全性，是交通出行中最重要、最基础的要求；可达性，任何交通系统都应该具有可达性；舒适性，不仅是注重机动车出行的便利性，对人行和非机动车的出行舒适度也要考虑；经济性，满足以上条件的情况下，居民在选择出行方式的过程中就会追求金钱成本的最小化；可持续性，现有城市建设应在不破坏后代人出行环境的前提下进行，为此应倡导绿色、低碳、集约的可持续交通模式。

（二）城市交通人性化的特征

人性化交通的特征会随着社会及城市的发展提出不同的、符合适宜的要求，应具备以下基本特征。

以人为本——城市交通人性化发展的基本特征。

城市交通系统并非孤立的系统，它的参与主体是人，城市建设必须站在参与者的角度上，为城市居民创造更加舒适、安全的出行环境。可以认为，以人为本是现代城市交通发展的基本特征，是使城市居民拥有更好生活环境的前提。

连接性——实现各种不同交通方式间的人性化衔接。

交通系统的发展是为了实现城市间各个要素的快速移动，在现代各种交通方式并存的城市中，各个交通方式之间的快速高效衔接显得尤为重要，因此，要加强城市中不同交通方式的有效衔接，完善交通接驳体系，加强交通一体化发展。

特殊性——与各个城市其他条件相辅相成。

大城市的发展都有一定的共性，但在城市交通发展中，必须注重每个城市的“个性”，城市拥有自身的地理、历史、气候等条件，因而城市也拥有适合自身的交通发展模式，应在人性化的基础上满足不同城市的特殊条件。如北京为了保护老城完整的历史风貌，城中限制修建高架桥，这也是北京成为“首堵”的原因之一，因此北京就采取发展城市轨道交通的方式来缓解交通拥堵。

三、城市中缺乏人性化的交通设计

（一）人行道和交叉口

在城市交通设施中，人行道、人行横道、过街立体通道是步行交通的载体，由于设计不合理导致人行道宽度不足、路面不平整、绕行距离过远等非人性化问题的产生，不符合行人爱走捷径的心理，也不满足行人安全出行的要求。生活性道路是居民步行出行的主要街道，却出现交叉口处无红绿灯等交通设施的情况，行人过马路时毫无安全保障，穿梭于来往的机动车与非机动车辆之间。以成都市犀浦地铁站前的道路为例，该交叉口周围是商业较繁华地区，也常有学生通过，由于交通设施的缺乏，行人增加了出行的危险。

（二）隔离带

为了让机动车在城市道路上更加安全、畅通的行驶，在城市中等级较高的道路上设有城市道路中央隔离带，但这种隔离带的设置便利了机动车，却分割了道路。如果过街距离过长，行人就会选择跨越隔离带过街。隔离带的不合理设置，不但给行人带来不便，而且人为地把车辆和行人集中到道路交叉点上，大大增加了交叉口的交通复杂性。

有学者做过定量研究，长距离的步行，隔离带不能超过 400 米。同时如果过街天桥的距离超过 300 米，行人就有跳跃栏杆的冲动，距离达到 500 米时行人往往就会采取跳栏杆的方式。因此并非所有高等级道路都需要设置隔离带，非主干道上可以考虑不设隔离带。

（三）红绿灯

中国式的过马路：凑够一伙人就可以走了，和红绿灯无关。这种现象产生的原因在于为了便利机动车通行而一再压缩行人的通行时间，行人在等候时间过长的情况下就容易出现闯红灯的情况，往往在生活性道路却有着更长的等候时间，这极不合理的情况给城市交通带来巨大的安全隐患。同时，设置较多的红绿灯，车辆在行驶过程中不断刹车减速，所消耗的燃料增加也是造成空气污染的原因之一。

（四）高架桥

高架桥是城市缓解交通拥堵的一个有效措施，城市交通的发展离不开高架桥的修建，而从人性化的角度来说，高架桥天生就存在诸多缺陷。高架桥的修建浪费了许多城市空间，严重分割了城市，同时给人造成极大的心理障碍。虽然目前国外有许多重新利用高架桥下面空间的成功案例，但是在国内相关改造还尤为欠缺。

（五）非机动车系统

在20世纪60年代，我国曾是“骑在自行车上的国家”，目前在绿色交通的倡导下，自行车开始重新被利用起来，也出现了共享单车等方式，不断推动城市交通出行结构的转变。但长期以汽车为导向的城市建设中，缺乏非机动车的交通设施建设和规划，非机动车的动静态系统缺乏成了阻碍城市交通发展的诟病。交通换乘站点大量的自行车占用人行道进行停放阻碍了行人通行，同时城市道路中非机动车道的缺失是非机动车出行存在安全隐患的重要原因。在推行低碳交通发展的同时，自行车的大力发展将给城市生活带来极大的变化，与此同时，城市应该及时做好相应的准备，避免各个交通系统的混乱。

（六）特殊人群的通行障碍

在城市出行的主体中，除了正常体质的人以外，还有残疾人、老年人、伤病人等群体，他们无法像正常人一样穿过人行道，更无法躲避急速行驶的非机动车。城市中诸多可供这个群体使用的设施缺乏或被侵占，致使出行困难重重。一个城市对无障碍设施的关注程度体现了一个城市的文明程度，城市交通人性化设计是体现城市居民平等出行原则的重要手段，对城市中特殊人群更多的关注，也是城市交通人性化设计的特别要求。

四、城市交通人性化设计的措施

（一）城市交通发展战略中的人性化发展

1. 坚持以人为本的指导原则

在制定城市交通发展战略的过程中，应坚持以人为本的原则。城市交通的发展应注重交通的通行效率、社会出行公平和环境保护，应加强对居民出行需求的调查，根据居民的实际出行情况提供便捷、安全的交通出行方式。做好各个交通出行方式的协调发展，要注重公共交通、非机动车和步行交通的规划，保障非机动车和行人的交通安全。

2. 鼓励发展公共交通，限制小汽车

从通行效率来说，公共交通远高于小汽车。一辆大型公交车所占道路面积约为一辆小汽车的 2 倍，而载客量却在小汽车的 10 倍以上，一辆公交车完成单位客运量所消耗的能源及带来的空气污染是小汽车的 1/10 左右。

大城市可鼓励发展城市轨道交通，中小城市可大力发展城市公共汽车交通，倡导小汽车向公共交通转变，转变交通出行结构，由粗放型交通系统向绿色、集约、可持续交通转变。

（二）城市交通设施的人性化发展

1. 完善道路交通网络

目前我国的城市基础设施处于快速发展时期，道路通行效率得到很大提高，但仍存在道路总体容量较小、交通拥挤现象突出等问题，因此必须进一步完善道路交通网络，形成道路分级分类明确的道路网络。提高次干路、支路的连通性，促进城市交通微循环，进行道路“蜂腰”、错位的梳理。明确城市道路的分类，在进行道路设计时有明确的分工，交通性道路主要满足交通需求，而生活性道路则坚持以人为本的原则，重点考虑行人的需求。

在满足出行需求的同时，还需注重道路与景观相结合，如在高架桥建设前进行桥下空间利用设计，充分发挥规划设计先行的优势，让道路与城市景观互相融合，从而更好地达到人性化设计的要求。

2. 促进各种交通方式的人性化衔接

城市各种交通方式的衔接程度直接影响交通的效率和便捷程度，加强交通一体化发展、完善城市接驳体系、进行“站城融合”等研究，是城市交通发展的必修课题。目前我国不同交通方式之间的无缝衔接已经有了进一步的发展，但容易出现换乘站点交通杂乱，难以管理的情况，因此在进行交通规划时应加强各个部门的协调，进行统一布局。同时加快市内交通枢纽的一体化建设，尽可能实现各种交通方式间的“零换乘”。

3. 实现交通管理设施的智能化、人性化

要实现城市交通的人性化发展，就应该实现交通管理设施的智能化和人性化。

利用大数据技术，加快智慧交通系统的建设，提高城市交通的通行效率。智慧交通系统主要包括智能化的道路监控系统和交通信息系统、智能化的交通运营管理系统和需求管理系统。利用道路监控系统和交通信息系统对路况进行实时信息采集并对交通容量进行分析和评估，实时对交通信号和交通流向进行优化。利用智能化交通运营管理系统，降低出租车等运营车辆的空驶率，提高交通运营单位的效率，同时达到节省道路空间的目的。

4. 加强对城市无障碍设施的关注度

无障碍设施的建设是城市体现人性化设计的一个方面，是特殊人群走出家门、参与社会生活的基本条件，为保障城市交通无障碍环境的打造，设计及管理工作者应首先提高对无障碍设施的认识，按照无障碍设施的设计规范、标准进行设计。其次应加强审批制度，将无障碍设施的建设作为严格的审批标准，在施工验收的过程中，也应将无障碍设施建设的合格程度作为一项重要指标。

第二节　网约车与城市交通结构

网约车的出现与发展，使城市客运交通的结构发生了变化，城市交通状况有所改变。在宏观层面，网约车通过影响出行效率、交通秩序和资源环境适应度，引起城市交通结构的明显变化。本节运用科学的评价方法从出行效率、交通秩序和资源环境适应度三个方面探究网约车对城市交通结构的影响，以天津市城市交通为例，对天津市的城市交通结构作出相关的评价。探究结果表明网约车满足了城市居民的出行需求，提高了城市客运交通的运行效率。文章对规范网约车市场发展，促进城市交通可持续发展具有重要的理论和现实意义。

2014 年网约车进入天津市场。2015 年天津网约车注册用户达到 600 万，其后用户数量缓慢平稳增加，如今已达到 800 万的规模。根据 2017 年天津市居民出行调查，天津中心城区家庭户人口总量 450 万人，日出行总量为 1089 万人次。其中机动车出行比例为 30.1%，而网约车只占 1.4%。按此计算，天津市网约车日出行量为 15.25 万人次，占机动车总日出行量中的 4.6%。

如今，城市交通发展如火如荼。为了协调城市交通的发展，各地纷纷出台小客车限购限行和网约车管理政策。网约车持续占据社会热点话题榜，引发热议。毋庸置疑，网约车的出现打破了传统的城市交通结构，将产生城市交通结构新格局。网约车不仅能减少特定人群的购车意愿，还有利于新能源汽车的推广和城市绿色交通的发展。然而，负面观点却认为网约车吸引了原本无出行意愿的司乘双方，增添了不必要的出行需求，使城市交通拥堵越发严重，导致城市低碳交通发展无以为继。信息科技成果如何面对城市环境恶化与交通拥堵等问题，是当前城市交通管理规范化的焦点。本节通过分析网约车对城市交通结构的影响，从宏观层面科学评估并深入研究网约车对城市交通结构的影响。本研究对规范网约车市场发展，解决当前城市交通痼疾，促进城市交通可持续发展具有重要的理论和现实意义。

一、指标体系构建

评估网约车对城市交通结构的影响是本研究的主要内容，而评估的核心是确定评价指标体系。为使指标体系全面、科学、客观、合理地反映研究内容的所有因素，本节确定的评价指标包括出行效率、交通秩序和交通环境适应度。

出行效率作为评价指标，是因为城市交通系统追求的目标是效率，城市交通结构实现的功能也是高效出行；交通秩序能反映出城市交通的混乱和拥堵情况，可以用拥堵指数和事故率等表示；交通环境适应度主要从可持续发展的角度考虑，城市客运交通结构的不同组合给环境造成不同的压力。

二、指标参数及其分析

（一）出行效率

效率是运输组织系统竞争优势的集中体现，它是运输组织系统的目标和价值取向。技术是交通组织系统提高效率的基础，它通过改变运输系统的物理要素和变量来改变运营模式和流程，从而提高运营效率。系统通过重新安排经营主体的产权与利益关系，优化经营环境，达到高效运行的状态。近年来，互联网技术的发展和手机的普及使网约车得到了快速的发展。网约车的优势在于它依赖云计算、LBS 和其他互联网信息技术。这不仅解决了出行和需求之间的信息不对称问题，也大大提高了人们的出行效率。通过需求预测与道路规划，网约车极大地提升了出行效率并提供更好的用户体验。根据经济学原理，理性经济人在从事经济活动时会本能地追求最大利益，消费者总是期望得到高质量和低价格的产品及服务。网约车就成了当今高效率出行的首选工具。

作为城市客运交通的追求目标，出行效率关乎整个城市客运交通的状态。出行效率主要体现在出行时间、出行费用及出行质量等方面。

出行时间是指出行者完成出行所需的总时间。出行费用是指出行者完成出行所需的广义费用。这里将出行时间和出行费用都定义为一次出行所消耗的成本。出行质量是指出行获得的效用，包括安全性、便捷性、舒适性等。

网约车多种服务模式的时间成本明显较低，费用成本相当或者部分较高，出行质量却有明显的增加。因此，网约车是一种交易成本较低、资源利用效率较高的出行方式。

（二）交通秩序

交通秩序指交通整体按照一定的次序运作时，越混乱的交通越无序，越拥堵的交通越无序。而交通的混乱拥堵，会增加道路交通的事故发生概率。因此，通常用拥堵延时指数和事故发生数来表征交通秩序的水平。

1. 拥堵延时指数

拥堵延时指数是反映道路交通运行拥堵延时状况的评价指标，以道路网大多数路段的实时拥堵情况为基础，实现对城市道路交通拥堵水平客观、准确、快速评价。

2015 年天津市高峰拥堵延时指数是 1.72，2016 年是 1.74，2017 年是 1.678，2018 年第三季度天津市高峰拥堵延时指数是 1.618，比上一个季度减少 3.9%，相比 2017 年同期减少 0.1%。从 2015 年至 2018 年第三季度看，自 2015 年起天津市交通拥堵延迟指数整体保持平稳下降的趋势，高峰拥堵延时指数经历了 2016 年的短暂上涨后又下降，在 2018 年第三季度最终下降到了一个最低点，全天拥堵延时指数也是相同的变化规律。拥堵排名天津始终排在全国被调查城市的中等水平。

虽然各个指数整体保持下降的趋势，但是 2015 年和 2016 年的高峰拥堵延时指数、全天拥堵延时指数相对偏高。这与 2015 年资本大量涌入网约车市场，使用量大幅增加的时间节点基本吻合。当时激烈的价格战刺激了网约车出行需求，客运量也随之呈现增加。这说明网约车与天津市交通拥堵存在一定的联系，甚至可能加重了当年的拥堵。但是后来拥堵指数保持下降的趋势，与当时网约车价格战的停止及 2016 年末网约车相关管理条例的出台明显有着不可分割的关联。网约车规范化管理后，网约车的预订没那么容易了，快车价格优惠幅度也减少了。出行者对网约车的选择开始理性化。与此同时，城市交通的拥堵也相对缓解（高峰拥堵延时指数降为1.678）。综上所述，网约车与拥堵存在一定的联系。

2. 交通事故发生数

交通事故发生数是用来衡量城市交通安全的指数。2009年以来的天津市安全相关数据，分为三个指标：交通事故发生数总计、交通事故死亡人数总计和交通事故受伤人数总计。

从天津市的交通事故发生总数呈现先减少再增长，最后又减少的波动。天津交通事故发生数从2009年减少至2011年，2011年以来缓慢增长，2016年的交通事故发生数达到了5912起，在2017年减少到5564起，与交通事故受伤人数趋势大致相同。而交通事故死亡人数总计呈现逐年减少的趋势。

由此可见，网约车的出现与交通事故发生数并没有明显联系。

但是，网约车给道路安全带来的影响一直充满了争议。从商业模式看，网约车为了扩大市场占有率，以低准入条件来吸引参差不齐的驾驶员和私家车，极易增加交通事故发生率。不仅如此，基于平台的订单分配规则，乘客没有选择司机的权利，只能在行程结束后，通过评价机制来约束平台控制风险。一旦发生问题，司机与乘客及平台之间可能难以确定责任承担方，导致保险理赔问题难以解决。

2016年11月1日，随着《网络预约出租汽车经营服务管理暂行办法》正式发布，网约车的运营才有了法律保障护航。与此同时，全国首例网约车交通事故赔偿案在北京海淀法院宣判，法院对网约车与第三人发生交通事故所产生的保险责任和损害赔偿做出明确的责任划分。这无疑是继网约车新政颁布、网约车合法化后的又一飞跃。

（三）交通环境适应度

在城市客运交通系统，一旦占用道路时空资源接近或超过道路时空容纳量，交通就会出现混乱。同样地，一旦环境污染接近或超过环境允许最大容量范围时，城市环境会恶化。长此以往，将严重影响城市交通可持续化的发展目标。只有适当节制地进行资源利用，城市客运交通才能保证正常运转。交通环境适应度可从道路资源占用和环境指标变化这两个方面来表征。

1. 道路资源占用

道路资源是指城市道路能够到达城市的各个区域，供城市内的交通和行人使用，便于居民开展生活、工作和文化娱乐等活动。道路上行驶的机动车占用了时间和空间资源。由于道路资源有限，对机动车（尤其是网约车）进行有效控制就显得十分重要。这里从私家车的增长量和网约车出行量占比两方面来分析道路资源占用的情况。

在私家车增长方面，近年来随着城市化进程的持续加快，城市人口迅速增加，私家车数量呈爆发式增加的态势。从国家统计局数据可知，2011 年到 2013 年，天津市私人汽车拥有量呈现逐年剧增的趋势。2014 年 1 月 1 日起，《天津市小客车总量调控管理办法（试行）》开始施行。直接导致了 2014 年后私人汽车拥有量增长放缓，2016 年甚至出现了负增长。

在网约车出行量方面，根据 2017 年天津市居民出行调查数据可知，天津市居民日出行总量为 1089 万人次，每天的机动车出行比例为 30.1%，通过计算可得机动车日出行量为 327.79 万人次。而网约车出行比例为 1.4%，通过计算可得网约车日出行量为 15.25 万人次。由此可见，天津市路面上的网约车占据机动车的比例很低，基本上不会对道路资源的占用产生影响。而根据专家测算，私家车有效使用时间仅为 5%，私家车在大部分时间都处于停驶状态。而且，私家车行驶时单人驾驶的比例高达 80%，这一情况表明私家车的利用效率极低。而网约车的各种服务模式，正是通过大规模存量资源的整合利用，提高私家车的利用效率，最终达到互利互惠和减少道路资源浪费的目标。其中拼车或者顺风车服务模式通过增加单位车辆的承载人数，降低汽车的空驶率，有效减少了人均交通资源的占有量。如果出租车或私家车出行被转移到网约车的拼车或者顺风车服务模式，将会极大地减少车辆在道路上的时空占用量。另外，受小客车增量指标的限制，部分市民对轿车购买的意愿降低，转而用网约车替代。这是对道路资源的一种节约。

2. 环境指标变化

相关调查显示，大中型城市的汽车尾气排放占大气污染约 80%。毋庸置疑，天津市汽车尾气会造成极大的空气污染，同时严重危害居民健康。因此，有必要控制汽车尾气以促进城市交通结构的优化。

汽车尾气的排放受诸多因素的影响，如车型、车速、当前道路交通情况是否畅通等。网约车中的拼车和顺风车模式因车辆合乘而减少了车辆对道路资源的占用，从而降低尾气排放，产生绿色效应。

天津市机动车排放物中二氧化硫自 2011 年起逐年减少，在 2016 年甚至减少超过六成。氮氧化物也呈现相同的变化规律。而烟尘排放量自 2011 年起逐年增加，在

2014 年开始逐年递减。与此同时，近年来天津市私家汽车拥有量缓慢增加，数量逐渐稳定。由此可以推断，2014 年以来网约车的迅猛发展与机动车废气排放并无明显的关系，网约车并未造成环境的恶化。

本节从出行效率、交通秩序和交通环境适应度三个方面分析研究网约车对城市交通结构的影响，结果表明网约车能够满足城市居民出行的需求，可以提高城市客运交通的运行效率。虽然网约车与城市交通拥堵存在一定的相关性，但是交通拥堵状况的改善又与网约车有着必然的联系，道路事故发生数的增减也与网约车的发展阶段有一定的关联。网约车对道路资源的占用利大于弊，并未加重道路交通的负担，也未造成环境的恶化。总体上，网约车并未加重对城市客运交通的负面效应，它对城市交通结构起着一定的优化作用。

作为互联网技术在交通领域的创新应用，网约车具有先进性。网约车不仅为出行者提供便利和快捷的服务，还减少车辆出行数量，缓解交通拥堵压力，提高了道路和车辆资源的利用率。尽管网约车对城市交通结构有着正面作用，但其非集约化交通的特点也带来了一定的负面作用。因此，在推进城市客运交通可持续化发展的前提下，对网约车及其发展进行引导和监管，使其在不增加城市资源负担的前提下发挥出优化城市交通结构的作用。为此，笔者提出如下建议。

差异化监管网约车服务。在网约车各服务模式中，专车和快车、顺风车对客运交通的影响存在较大差异，应建立差异化的管理机制和发展策略。从绿色发展出发，应注重网约车服务模式的绿色效应，对不同服务模式实行分类监管。由于网约车的出行方式占比与出行费用存在相关的传导关系，科学合理制定网约车价格机制十分重要。根据不同的网约车服务模式进行差别化的定价机制，合理规制双向补贴等价格竞争手段。与此同时，通过从法律层面制定相关条规，明确平台和网约车司机双方在网约车模式中的权利和责任，建立纠纷解决机制，避免后患。采用这些方式来避免资本运作扭曲交通运输服务的供求关系和产生潜在的市场垄断及其衍生的各类风险。

要重视发挥网约车各服务模式的绿色效应的作用。网约车中的快车服务模式占市场份额较大，其车辆类型主要为基数较大的中低端车辆。专车车辆的排量及能耗都高于出租车与快车，出行费用也较高，基本不存在绿色效应。而拼车和顺风车通过座位分享使得一次运输能满足多人出行的需求，极具绿色效应。顺风车模式尤为突出，它是基于车主原本必须出行的基础上再带上有需求的乘客，减少了城市道路资源的占用量和整体交通的出行量。综上所述，网约车不同服务模式的绿色效应，将其从大到小进行排序则为顺风车、拼车、快车、网络出租车和专车。根据以上排序，政府主管部门应当对具有绿色效应的顺风车和拼车等服务模式提倡优先发展，同时也要对专车和快车等不具有绿色效应甚至是负面效应的服务模式进行相应的疏导和监管。

首先，要大力提倡拼车模式。遵照低价和高效的原则实现可持续发展。在价格设定方面，要改变一口价的定价规则，改用动态定价的规则，即在出行路程中根据拼车单数的增加而逐次减少费用，在下车支付时，形成最终价格。在成本控制方面，可以适当降低网约车平台提成比例，提高拼车司机的心理获得感。同时通过设置司机拼车里程奖，提高司机提供拼车服务的意愿。此外，可以通过设置等候时间限制，减少乘客相应的费用，以补偿拼车乘客的时间成本。通过增加必要路线范围内的多节点拼车，来提高拼车效率。通过相关政策实施，鼓励平台用车高峰时期优先向司机派发拼车订单，并降低派发快车、专车等订单的优先级，来提高拼车的成功率。通过提前向司机派发进入高峰区域的拼车单来增加热门地区高峰时段的拼车数量。

其次，要因势利导发展顺风车模式。由于多起恶性事件，滴滴已于 2018 年 8 月下架了顺风车业务。要在划分车主乘客权责的基础上，确保乘客的安全，重获消费者对顺风车模式的信心。

最后，要市场化经营快车和专车模式。应当综合评估快车和专车模式的成本和便捷性等因素，针对不同时间段、道路情况、交通地段等，设置大众能接受的价格指导区间，随时掌握出行市场的供求关系变化，及时对价格进行动态调整。

协调公共交通和网约车的关系。公共交通出行大量转移到网约车，快车、拼车、顺风车是对公共交通的补充。传统公共交通和出租车的供给不能完全满足居民的出行需求。传统服务模式难以实现交通结构的优化，也不适合个性化的出行需求。因此，协调公共交通和网约车的关系很有必要。

随着我国城市规模的扩大，公共交通供给缺口及难以覆盖所有路线站点的问题越发凸显。出租车虽能够实现站点之间的有效对接，但其数量与城市人口规模亦不匹配。网约车的出现缓和了公共交通及出租车供给不足和人们个性化出行需求的矛盾。但是，城市道路的容量是有限的，乘用车不能无限制地发展。公共交通存在明显的绿色效应，仍是绿色环保出行的最佳方式。而网约车的集约化效应不高，主管部门要科学协调公共交通和网约车的关系。在倡导优先发展公共交通的同时，将网约车作为公共交通的补充列入发展规划。

发展公共交通的重点应当立足以需求多样化为导向，引导居民出行，调整出行结构。必须提升政府主管部门在客运服务产品设计和规范管理方面的工作力度。各城市应从当地公共交通的实际和特征出发，对公共交通相关资源进行统筹考虑，对城市道路容量、公交数量、出租车数量、城市机动车数量等方面进行相应的控制。完善城市公交路线及站点设置，提升公交线路规划效率，为鼓励人们选择公共交通出行创造条件并提供优惠。通过改善城市公交线路布局和优化公交车站点设置提高公交运行效率。通过增加地铁路线站点覆盖和缩短地铁班次间隔时间等提高地铁使用效率。

建设智慧交通，保障交通秩序。城市交通秩序没有受网约车的影响而恶化。但是，保障城市交通秩序是城市交通可持续化发展的基本目标。发展智慧交通被视为未来交通发展的重要举措。目前网约车凭借对大数据、云平台技术、移动互联网、移动智能终端、移动语音监控、卫星定位系统等新兴技术的运用，迅速抢占了出租车行业的部分市场份额。与此同时，为了更好地实现点对点的网络约车服务，平台还开展了包括定位、网上支付、乘客评分等服务。在大数据时代，二次利用海量冗余数据可以缓解道路拥堵，提升出行效率。

2018 智慧交通峰会上，滴滴出行 CEO 程维描绘了滴滴对交通业的创新。未来 10 年，滴滴致力于助力交通运输、大数据、科技和智慧交通的发展，努力让中国成为公认的交通强国。滴滴将优化基础设施，包括红绿灯、道路资源的分配。目前，滴滴已优化了全国 1200 万个红绿灯。在优化过的区域，拥堵时间平均降低了 20%。滴滴报告称私家车平均每天有超过 20 个小时闲置时间。闲置的私家车没有为车主们带来价值，而车主还需要支付额外的停车费。

智慧交通大脑的诞生就是实现高效率的出行。基于大数据预测出呼叫车辆的高峰区域和高峰时段。智慧交通大脑迅速进行分析把控，自动提前将足够数量的车辆调度到相应的交通位置。在城市交通运行时，智慧交通大脑接到订单后会快速规划出一条最优路径，并在路径上接收相同目的地的乘客。一旦规划路径上发生变化，系统会迅速计算并重新规划出一条新路线，以避免交通拥堵路段，保证出行效率。智慧交通大脑不仅提高了出行效率，还减少了车辆的需求数量。

综上所述，政府交管部门应牵头组织协调，实现网约车相关各方主体的联动，协调各方利益，构建一个完善的智慧交通大脑。同时，也应当降低信息获取难度，适度扩大现有出行数据的开放范围，各方主体联合，一同构建城市交通出行基础数据库，为居民出行提供高品质、多层次、差异化的综合交通信息服务，保障城市交通高效运行并达到秩序井然。

推动居民参与城市交通治理。网约车作为当前流行的大众出行方式，在城市客运交通中具有重要作用，也直接关系着广大公众的切身利益。网约车是市场运营主体，涉及交管部门、司机、乘客和运营平台相关主体各方面价值取向。城市居民作为城市交通的使用者，对于城市交通的体验感是对城市交通最直观的反映。因此，必须推动居民参与城市交通治理。建立一个由交管部门、运营平台、司机和乘客四方共同参与的协同管理体系，能够直接、高效地提高城市交通的运营水平，促进城市交通的可持续化发展。

首先，应当建立健全与网约车市场准入相关的市民参与决策机制。对居民而言，民主参与决策能增强对公共服务的责任感，推动网约车人性化发展。从交通可持续发展的角度来看，民主参与决策能体现居民切身利益，有利于寻找到网约车提供出行需求与城市客运交通结构优化的契合点。民主参与决策既能促使居民理解相关决策，又能提高居民执行决策的自觉性，最终推动决策的实施。关于推动市民参与决策的实施，应当拓宽渠道，通过组织法律、经济、社会学专家开展专题研究，召开听证会;通过网上调查、问卷调查等方式进行民意调查，广泛地收集社会公众的意见，以确保决策能够充分反映出广大市民的利益诉求。

其次，应当建立健全网约车监管的社会评价制度。支持多方主体参与网约车信用评价，建立一个及时发布司机评价、平台评价、相关部门的事故率和投诉率等评价内容的平台以进行评价信息交互。同时，应当建立透明的投诉反馈机制。乘客进行意见反馈，反馈平台在反馈处理期限明确规定的时限内对相关事件的处理意见结果进行公示，其他相关情况经过证实后也应及时反馈给大众。通过以上方式最终实现网约车运营监管的约束机制。

最后，应当建立征集网约车优化服务建议的制度。主管部门牵头，拓宽多个社会渠道以鼓励社会各方提出建设性的意见，并根据社会各方对网约车提升服务水平、创新服务模式提出的建议，邀请相关专家学者进行可行性论证会，对好的建议及时举行讨论会、试点、反馈调整并推广。

第三节　绿色出行下城市交通的优化

随着经济的飞速发展和科技水平的不断进步，我国城市化发展取得了重大成绩，伴随而来的环境污染也越来越受到关注。由于机动车排放的汽车尾气等给城市环境带来了严重的污染问题。正确引导城市居民逐渐形成绿色出行理念已经成为当前城市交通必须有效解决的重大课题。本节通过对绿色出行理念和对我国绿色出行现状进行分析，对城市交通发展策略进行研究，提出更加适应绿色交通的措施和建议。

提高人们的绿色出行理念可以加快建设绿色交通运输体系，对于解决交通拥堵问题、降低城市交通环境污染和改善空气质量产生了重大影响。居民的绿色出行行为，可以更好地实现城市化发展和交通协调发展。绿色出行理念是以可持续发展为原则，在道路交通设计方面，优先设置行人和非机动车道。绿色出行理念对于保护环境和建设生态绿色交通系统产生重大作用。在我国城市交通中存在着交通拥堵、空气污染等现象。由于城市公共交通发展水平较低，慢行交通系统的设施还不够完善，严重影响群众的出行和生活质量的提高。所以，绿色交通规划理念下的城市交通设计研究尤为重要。

一、绿色出行理念

在新时期的社会经济建设中，提倡节约能源、降低碳排放的绿色出行方式，是建设绿色生态城市的重要环节，对于生态文明建设起到推动作用。相比于传统出行方式，由于居民的生活水平有了很大的提高，居民的私家车保有量迅速增长。这一现象导致了城市交通的巨大压力，造成了石油资源的紧张，同时给生态环境带来了严重的破坏。

绿色出行是指居民的出行方式更加节约资源，可以提高能效、减少环境污染、有助于居民的身体健康。例如，乘坐公共汽车、地铁，以及步行、骑自行车等都属于绿色出行方式。绿色出行方式，可以降低出行中的能源消耗和环境污染。社会通过多种宣传方式来对群众进行绿色出行理念的引导，提高群众对环境保护的认识，让居民更加积极主动地选择绿色出行方式。

对于机动车采取工作日限号行驶，以及在空气中污染时期采取单双号限行等政策，并且提出“绿色交通、低碳出行、健康生活”这些引导用语，倡导群众绿色出行。

绿色出行行为不仅包括绿色出行方式，还包括绿色出行习惯、绿色出车型选择与绿色驾驶习惯等。公共交通、自行车或步行等方式属于绿色出行方式。出行时尽量选择合乘方式，以及减少不必要的出行是绿色出行习惯。在购车时，尽量选择混合动力等低排放低能耗的车型。总而言之，绿色出行是采用对环境影响最小的出行方式。

二、绿色出行的现状

（一）发展概况

在群众出行时，尽量选择乘坐公共汽车、地铁等交通工具，优先选择合作乘车，或者步行、骑自行车等方式，从而减少居民私家车的使用，降低能源的消耗和污染。我国城市居民还不能普遍享受到高水平的公共交通服务，城市公共交通的服务存在不足之处，但目前人们对于公共交通的服务质量还算比较满意。政府逐步增加对公共交通的补贴，对于建设民生工程和社会公益事业加大投入力度。在制定绿色出行交通规划、研发新型能源汽车等方面，做到节能减排以降低能源的消耗。随着城市规模的不断扩大，居民增加了出行的距离，在出行过程中对于自行车等慢行交通出行方式的实施增加了难度。以坚持建设资源节约型和环境友好型社会的政策为指导，各级部门在绿色出行推广活动中，应起到积极宣传和引导的作用。

（二）存在问题

由于城镇化的飞速发展，短时期内，城市人口的迅速增长，以及城市面积的扩大，使人们出行不能单纯依靠传统的出行方式，增加了人们对机动化水平的需求。城市普遍存在生活区与商业区距离较远等现象，致使居民需要选择更加便利的出行方式。机动车数量的飞速增长，带来了严重的交通拥堵与环境污染问题，还给城市道路系统带来了巨大的压力。城市中空气污染的原因之一就是汽车尾气排放。近年来，我国多个地区出现了严重的雾霾天气等恶劣气候环境问题，影响了人们的正常生活，不利于居民的身体健康。对于公共交通服务水平无法满足城市居民基本出行等问题，需要提出解决措施。在我国很多城市，慢行交通基础设施存在严重不足的现象，自行车道还不够完善，影响人们选择自行车等慢行交通出行方式。对自行车道的监管机制不够完善，不能有效地保护行人和自行车出行者的权益。此外，还存在对于绿色出行文化的宣传不够充足，群众的参与性不高的问题。对绿色出行文化宣传不够，绿色出行理念还没有得到普及。在群众的思想意识上，还存在对小汽车的攀比思想。对于公民环保意识的激发，绿色出行文化的普及还不够。

三、促进城市绿色出行的目标与策略

（一）城市交通绿色出行的目标设定

要通过加强和改善公共交通服务，实现全面建成小康社会的目标。要做到保障群众的出行基本需求，提高公共交通出行服务质量。随着城镇化的发展，人们对机动化的需求增加，必须提供更加便利的公共出行方式。让人们在生活中，可以更加舒适地享受出行服务。建设出更适合人们居住的社会环境，协调发展的绿色生态城市，使环境处于人与自然和谐共存的状态。

（二）综合措施促进城市交通绿色出行

促进城市绿色出行，需要加大对绿色出行设施的供给，对交通需求进行强化型管理。根据我国国情，制定出具有特色的城市交通规划，结合城市规模与城市交通发展特点，建设绿色生态交通城市。加强对空气质量的监管，倡导绿色出行理念。建立完善更加安全可靠、更加优质服务的城市公共交通系统，更好地满足人们交通生活的需求。改善公共交通服务能力，提升智能化管理水平和服务质量，使公共交通出行中的问题得到明显缓解。建立完善慢行交通基础设施，保障步行及自行车等慢行交通的出行环境，满足民众多样化的出行需求，促使民众在出行方式的选择上，更倾向于绿色出行。加强对于交通工具使用者的监管，要求产生环境污染的交通工具，支付相应费用，使私家车出行需要承担更高的成本。使用行政技术手段，影响群众对交通方式、出行的地点路线和时间等的选择。改善城市公众出行的信息服务，整合多种交通运输方式的信息资源，进一步提高对社会提供更完善的信息查询服务。提高社会对于绿色出行的认识，积极宣传绿色出行理念，加强群众对于绿色出行方式的参与度，营造出健康的生态城市环境。根据不同地域的差异性，制定出符合各地区不同情况的绿色出行方式，有利于提高社会的经济发展水平和城市交通系统的运行，对于保护环境有巨大的作用。

绿色出行理念对于城市交通的优化影响深远，从提高人们生活品质出发，以慢行引导健康的生活方式，促进生态城市的健康发展。通过新型交通模式的构建，可以为居民提供更多的开放空间，有效地引领居民采用低碳节能的出行方式，构建绿色城市。

第四节 城市交通环境的功能分析

交通环境问题已成为当代中国严重的社会性问题，城市交通环境治理是城市治理的题中之义。城市交通环境作为市民社会生活的重要场所，体现出强烈的城市性和城市活力。本节基于城市交通环境的社会功能及交通对城市环境的影响分析，指出创建一个健康的城市交通环境必须将之纳入永续发展的范畴，并提出了可操作性治理路径。

城市交通是一系列复杂社会现象的空间集合。满足居民通勤需求、休憩需求和提升生活品质需求是城市交通发展的核心动力，同时城市交通系统的建设或治理也是影响城市功能发挥与改善城市居民生活品质的关键内容。具体而言，城市交通不仅是一种重要的社会服务，其本身也是城市环境的重要组成；另外，城市交通又对城市的总体形象，特别是城市环境有着重要影响。在过去几十年，特别是进入21世纪以来，城市环境随着经济的发展、交通的进步暴露出许多问题，某种程度上交通环境问题已成为当代中国严重的社会性问题，并越来越引起公众的关注，因而城市交通环境治理成为城市治理的题中之义。但城市交通环境的治理或建设不应停留在改进交通一般功能的低水平状态，而应从为创造城市高素质生活环境的高度将其纳入永续发展的范畴。本节尝试对此做出分析。

一、城市交通环境的社会功能

交通环境有广义和狭义之分。广义的交通环境包括交通规划设计时考虑的原生自然环境、交通建设施工时的施工环境、交通建成后的运营环境等。狭义的交通环境主要是指交通建成后的运营环境。通常认为，城市交通环境的构成包括步行道、车行道、绿化带、道路附属设施及交通型集散广场等物质要素。不过，这种定义仅仅考虑了承载交通功能的空间领域与物质载体，忽视了活动于其中的各类群体与个体的存在，因而既不全面也不完整。城市建成环境的意义是由它的使用者——市民所建构的，交通环境的内涵必须包含人们日常出行的心理与行为模式，尤其应关注普通市民对交通环境的感受与认知。因此，交通环境不仅应包括道路和道路上的附属交通设施等工程物的一面，还应包括有人文和社会性交通环境非物的一面。由人、车、路、交通环境构成的交通系统，虽然人、车、路是系统的核心要素，但交通环境的作用不可忽略，某种程度上人、车、路也是交通环境的重要组成。人、车、路三要素只有与交通环境相协调，才能使构成交通系统的各要素相互协调，相得益彰，充分发挥交通系统各部分的作用，达到系统整体最优，并且在一定程度上，这种以人为主体对交通环境内涵的探索，有利于我们摆脱将城市道路视为纯粹交通性工程实体的局限。

交通环境除了可以提供人们日常生活、工作、休闲等社会出行的空间载体以外，作为大量异质人群聚集和会面的场所，还直接或间接诱发了大量社会互动的产生。从美国社会学家路易斯·沃斯所描述的人口数量、密度、群体的异质性三个衡量城市特性的指标来看，交通环境无疑具有显著的城市性 (Urbanism)，因而对交通环境的功能分析应拓展到社会学领域，对其社会功能与社会意义进行探讨。可以说，城市交通环境作为市民社会生活潜在事件发生的重要场所之一，构成了现代都市人的生存环境和生活空间，呈现出强烈的城市性和城市活力，具体体现如下几个方面的社会功能。

（一）城市社会活动的组织纽带

城市居民多元化的出行动机与复杂的交通行为方式源于城市高度发达与分化的各类社会活动（商务、居住、教育、医疗、购物、休闲等）的不同区域分布。信息化与交通技术的提升进一步加剧了这些社会活动的离散化特征（空间分离是其具体表征），而道路交通环境系统不应被动地适应这些离散化的社会活动，相反，作为一种联系纽带，客观上担负了有效组织城市社会活动的职责。美国城市学家凯文·林奇指出："道路是观察者习惯、偶然或是潜在的移动通道，它可能是机动车道、步行道、长途干线、隧道或是铁路线，对许多人来说，它是意象中的主导元素。人们正是在道路上移动的同时观察着城市，其他的环境元素也是沿着道路展开布局，因此与之密切相关的。"根据林奇的定义，我们可以看到，在城市规划者的眼里，道路在城市整体环境中具有最基础、最重要的地位。首先，是城市布局得以展开的主要线索；其次，承载了交通，承载着人的运动。正是在这个环境中，运动中的人在有意无意地、不断地进行着对城市的观察和体验。

如果城市学家的评价过于专业而略嫌单调，那么，社会学家从社会治安、阶层关系、人的生存条件和精神环境等多种角度出发，也在关注和思考着街道的功能、建设和发展。当我们被问到“人与街道的关系”这样的问题时，也许头脑中的第一个反应就是——通行。无论是步行还是乘车，街道对于我们来说，似乎只是一段距离，一个过程，其作用就在于将我们引向目的地。而实际上我们却忽略了：当我们穿行在街道之中的时候，也在以某种细微、隐秘而确实存在的方式，与认识的或不认识的人接触着、交流着。

（二）城市市民日常生活的载体

城市交通环境是最具活力的城市环境之一，是城市景观的重要组成部分。人们终日行走在城市内部四通八达而又风景各异的大小街道上。这些道路不仅是人们所依赖的交通线，同时也是都市生活的载体，为人们提供了主要的交往、休闲和消费场所。从这个意义上来说，道路实实在在地存在于每一个都市人的生活中。但是，当日常生活中的街道被人们有意识地加以观察、感受和描述，甚至被作为城市的风格标志和审美对象加以解读和体验的时候，街道就不再是原来那个实在的生活中的街道本身，而是形成某种都市文化景观。某种程度上，它不仅是人们借以感知城市意象的重要元素和渠道，具有组织城市整体景观与局部景观的作用以及认知功能；更是市民重要的社会生活场所，具有延续社会文化的功能。如果缺乏必要的出行能力，再加上“不友好”的道路交通环境，可能会导致某些社会人群，尤其是社会经济条件较差的弱势群体获取工作的机会和享用公共服务设施的困难。为了增加机动车容量，任何城市道路扩建都可能导致步行道与自行车道空间的压缩或挤占，进而使得步行环境单调乏味甚至恶化，从而影响人们日常生活中对出行方式的选择，改变人们就业、居住、购物、休闲等日常的生活规律。道路交通环境质量的优劣将直接影响人们的城市生活品质。愉悦、舒适、安全的交通环境是广大市民渴求的，也是衡量一个城市可居性 (livability) 的重要指标。

（三）城市可持续、健康、良性运行与发展的保障

雅各布斯指出：“在城市里，除了承载交通外，街道还有许多别的用途。……这些用途是与交通循环紧密相关的，但是并不能互相替代，就其本质来说，这些用途和交通循环系统一样，是城市正常运转机制的基本要素。……街道及其人行道，城市中的主要公共区域，是一个城市最重要的器官。”交通环境的改善不仅关系到不同

社会阶层的可达性权利问题，更关系到整个城市社会安全系统正常而有效的运行。一个愉悦的出行过程作为美的城市体验，有助于增强市民对于城市的归属感与自豪感，有助于强化市民心理上对所居住城市的认同性。另外，良好的交通环境作为重要的城市公共空间，可促进异质人群潜在的社会交往，有利于缓解社会分化，促进社会融合与可持续发展。在一个友善的城市交通环境里，“每一双眼睛后面的脑袋里应该有一种潜在的关注街道的意识”，乃至于“在长时间的过程里，人行道上会发生众多微不足道的公共接触，正是这些微小行为构成了城市街道上的信任。很显然，大多数事情都完全是小事一桩，但是小事情集中在一起不再是小事——其总和是人们对公共身份的一种感觉，是公共尊重和信任的一张网络，是在个人或街区需要时能做出贡献的一种资源。缺少这样的一种信任对城市的街道来说是个灾难”。

总之，无论是作为城市运行与交通的生命线，还是作为城市居民交往的公共空间，抑或作为现代都市人消费休闲的活动场所，交通环境都承担着实际的社会功能，实实在在地在我们的日常生活中存在着，并对我们的生活发挥着巨大作用。

二、交通系统对城市环境的影响

环境作为一种资源，其不可替代性及一定限度的不可更新性使得它与飞速增长的需求形成冲突，造成经济性与物质性双重稀缺。这种稀缺对社会发展的各个方面都会产生重要影响。城市交通环境作为城市环境的重要组成部分，随着经济的发展出现许多问题，这些问题反过来又制约着经济、社会的进一步发展。世界上许多城市的发展经验表明，迅速发展的城市，其交通系统造成的污染往往也是世界上最严重的。许多发达国家道路交通的社会耗费可以占到国民生产总值的5%，这项费用主要用于对道路网络上机动车造成的空气及噪声污染和交通事故的治理。从历史的观点看，城市交通的发展是一个动态过程，它对环境的影响不仅波及当代人的生存和生活，而且影响远及数代。为此，其对环境的影响不应只考虑自然环境要素的变化，而更应把社会、文化、生态、市民等作为统一范畴。

（一）城市交通对自然环境的影响

城市交通对自然环境的影响，包括汽车尾气污染和交通噪声、振动等。目前城市交通系统已成为一个主要的空气污染源；在有些城市中，机动车排污量甚至已占整个污染源的90%，交通噪声与交通振动已成为污染居民生活环境和学校、机关、医院等敏感设施的突出因素。汽车尾气排放的污染物，如一氧化碳、氢氧化物、碳氢化合物及含铅颗粒物等，在一定程度上对人及动植物产生不良影响。由于小汽车具有分散和流动的特点，它造成的污染远比工业污染更难以治理，因而成为世界上最难以解决的一个顽症。

城市交通除了带来大气污染外，噪声和振动也是城市交通中不可忽视的污染问题。机动车引起的噪声和振动主要有以下原因：机动车动力系统引起的噪声和振动、机动车的车厢和货物及配件在车辆行驶中的碰撞和摩擦、轮胎与路面接触噪声、机动车的喇叭声。由于汽车噪声源中没有一个是完全密封的，有的仅是部分密封，因此每个车体都是一个不可忽视的噪声源。随着汽车数量的迅速增加，噪声的总能量已达到危害环境的地步，并且成为一种普遍性的污染。各种调查和测量结果表明，城市交通噪声是目前城市环境噪声最主要的噪声源。

交通噪声可以从多方面影响人类的健康状况。这种影响可根据使人感到难受的程度分成三级：

（1）精神上的影响：噪声令人焦虑、易怒、精神紊乱。

（2）功能上的影响：噪声在60分贝以上时，即会干扰人的正常活动，影响人们的谈话、学习、睡眠等，使工作和学习效率下降。

（3）生理上的影响：人若暴露在75分贝以上的环境中，至少暂时听觉疲劳和紊乱，若处在85分贝的噪声环境中5年以上，则有耳聋的危险。

（二）城市交通对生态环境的影响

城市交通对生态环境的影响包括土地、绿化和水质等。其中道路建设对生态造成的影响主要通过两种途径：一是施工活动对自然环境造成的非污染性破坏，使环境发生物理变化而对生物产生影响；二是由于排放的污染物通过大气、水体、土壤等环境介质，进入生物体产生危害。由于植物和动物在复杂的生态系统中互相影响，交通设施的建设会破坏这些生态系统中各成员之间所建立起来的平衡。因此，必须直接（如通过破坏植被）或间接地（如通过污染水资源）考虑这些重要生物体的减少及对它们所造成的伤害。

道路铺筑是重新塑造地球表层的巨大工程。这种重塑过程和由此形成的绵延无尽的道路，造成的生态与环境代价极其巨大，丝毫不逊于车辆的尾气和噪声造成的危害。道路的最大危害在于它大量地蚕食人类宝贵而有限的耕地。在自然界，有肥力的土壤的形成，往往要经过几万年甚至百万年的漫长时间，而一条道路却可以在短短几年甚至几个月内建成，也就是说，人类目前毁坏耕地的能力高于自然界生成能力的无数倍。更令人焦虑的是，地表的铺筑过程，是将有机世界变为无机世界的不可逆过程，即便将来道路被废弃，也不再可能变回耕地了，至少在人类目前的技术条件下是如此。

在城市生态系统中，道路交通对城市绿地的影响越来越大，具体表现为：一是影响城市绿化的整体水平；二是影响城市绿化的布局。由于道路正在占据越来越多的空间，人们的活动场所和绿地因之迅速减少。在美国，道路、停车场和其他用于轿车的空间占据了城市空间的一半甚至更多。汽车城市洛杉矶，交通所占空间甚至达到 70%（其中 27% 是机动车道路、11% 是人行道、32% 是停车场）。相比之下，公园和绿地的面积却小得多。加州的另一个城市伯克利，每个市民平均只有 2.8 平方米的公园，而每辆轿车却占有 96 平方米的道路。

道路是个强大的入侵者。它打破了自然界的和谐与宁静，使已经受到干扰的生态系统变得更加脆弱，使有生命的动物和植物变得虚弱以至最终消亡，使适应快的物种成为入侵者，滋生出异种和有害的杂草。让道路两旁的动物处于危险境地，它们由于栖息地被破坏而更易遭到虐杀。

（三）城市交通对社会、文化环境的影响

城市交通对社会环境影响包括社区传统、社会公平、地区发展、中心区活力等。交通不仅是一个地区经济和土地使用系统中的主要组成部分，而且是影响公众生活质量的一个决定性因素。城市里的人们之所以能够互相影响、进行文化和娱乐消遣，以及使用由城市活动聚集所提供的大量公共和私人设施，主要得益于他们是生活在“社区”中。然而，交通工程的建设与运行会引起社区分割、社区传统的改变及生活氛围与质量的变化等，从而造成空间分隔，使周围居民的生活、文化、教育及经济上的联系受到阻隔，乃至造成邻里模式的破坏，“社区”凝聚力减弱或消失。

在一些发达国家，由于城市规划是为车而非为人设计的，这就对人类健康产生一系列严重后果，直接影响是由于空气污染导致的疾病蔓延，以及由于交通事故导致的伤亡增多。间接方面汽车对城市模式和社区的影响同样不容忽视。汽车在增加了人们之间距离感的同时，也增大了人们的精神压力。此外还会对社会凝聚力及人们对社会的感受具有破坏作用。

除了对人们健康的这些直接影响以外，汽车还通过构建城市模式与人们的生活方式，引发一系列更为隐秘的致病影响，特别是对已建成的环境中人们社会感的影响。在每个工作日上下班的时候，人们坐在车里对着拥堵的交通所产生的挫折感，容易引起一些与精神紧张有关的疾病。如此，汽车从社会凝聚力角度对城市结构的瓦解破坏，也使整个社会的健康因此遭到了影响。

城市交通对文化的影响包括历史遗迹、人文景观等。每个城市都有其自身的特点与定位，特别对于一些历史文化名城与古都，怎样结合交通建设与历史遗迹、自然景观的保护与利用，既促进交通设施的建设又不妨碍历史遗迹、自然景观的特色与总体风貌，很值得城市规划者与建设者去关注。令人遗憾的是，中国城市空间正被道路用地大规模地蚕食，富有历史和文化价值的旧街区、旧建筑，甚至属于国家重点保护文物的历史建筑正在遭受道路建设暴力的破坏。在许多城市，修建道路的推土机可以在一夜间将前辈留下的文化遗产铲成平地。很多有特色的城市街道和建筑因修建道路而毁于一旦。宽阔的大路是否真能补偿其摧毁的自然景观和文化遗存？这一问题应该引起我们审慎的考虑。

三、城市交通环境的治理提升路径

城市发展至今，人们从来没有放弃对美好生活环境的追求。一个舒适、愉悦和安全的交通出行环境，应该让人不受交通困扰，自由自在往来；应该改善交通场所的质量，让每个人掌握交通的主动权。近年我国城市交通事业迅速发展，人们的出行条件得到极大改善。然而，问题还是显而易见。我们所关心的不应仅仅是发展速度，而应是整个交通空间的环境质量。如何创建一个健康的、人本化的绿色交通环境还有许多工作要做。

（一）通过环境的法律治理，完善城市交通软环境建设

所谓交通软环境，主要包括城市交通主体的安全意识、道德意识和对交通规则的遵守等，这些对维护弱势群体的利益、对交通环境的保护与法律治理至关重要。

一个严重不合理的规则会对本就居于弱势的群体利益形成更大的伤害。除了行人要加强安全意识注意自我保护外，强制性的限制机动车的措施同样必要，毕竟机动车相比于行人具有绝对的优势，本着平等的原则，有必要对行人这一弱势群体加以特殊的保护。社会学的深层理念就是促进社会进步，创造健康的社会，关注弱势

群体并积极维护他们的利益正是其中应有之义。一个健康的社会不应该有歧视弱者的现象，同样，要创建一个健康完善的城市交通体系，很重要的一点就是要积极维护交通弱势群体的利益，不仅要让他们平等参与到城市交通中来，而且要依靠他们逐步消除城市交通系统中不平等的现象，以创造出一个美好、和谐、理想的城市社会。

从社会公平与社会正义角度来看，政策制定者与城市规划工作者有义务改善道路交通环境条件，有意识优先照顾弱势群体的出行模式（如限制车速、设置路障、减少机动车道），增加他们对易达性的获取可能。中国当前无车的弱势群体还是多数，他们的基本生存与发展权利理应受到保障，易达性缺失意味着接近各种机会的缺乏。美国著名伦理学者约翰·罗尔斯认为，正义就意味着制度要遵循这样的原则：使所有社会成员面临的机会都是公正平等的，需要采取措施使天生不利者与有利者一样可以同等地利用各种机会，在分配社会合作产生的利益方面始终从最少受惠者的立场来考虑问题。据此，城市交通环境应被视为全社会拥有的公共资源（属于社会合作产生的公共利益范畴），理应对处于劣势的非驾车群体以某种合理的补偿。城市交通政策应偏袒弱势群体，赋予他们更多的易达性权利而不是刚好相反（如中国当前以小汽车交通为导向的道路交通环境规划建设）。

不仅如此，在交通环境的治理中，还要充分地考虑人与自然环境之间的各种权利与义务，以及人与人之间的权利与义务关系。就人与自然环境的关系而言，人在改造自然的同时，必须承担对自然环境进行保护的责任，人有责任有义务尊重自然和其他物种存在的权利，因为人与其他物种都是宇宙生物链中不可缺少的有机组成部分，享用自然并非人类的特权，而是一切物种共有的权利。要使人和自然共同迈向未来，人类要在维护生态平衡的基础上合理地开发自然，把人类的生产方式和生活方式规范在生态系统所能承受的范围内，倡导在热爱自然、尊重自然、保护自然和维护生态平衡的基础上，积极能动地改造和利用自然。

（二）通过城市的空间创造，形塑交通环境“新生态”

首先要创造一个适宜于“步行友好”的城市道路空间。受到可持续理论的影响，人们对于机动化潮流中弱势地位的步行交通关注越来越多，也逐渐认识到，通过步行区空间隔离或保护手段来满足步行交通的方法已不能满足现实的需要，而且在现实中也无法将步行交通与机动交通在空间上完全隔离，城市交通环境整体上对于行人越来越不利，步行交通的空间不断被蚕食，行人过街的距离越来越长，最终可能导致步行街区成为城市中机动交通大潮中的孤岛。要整合所有的交通空间，使每一个交通空间或多或少地考虑步行交通的需求，最大限度减少机动交通对步行交通的威胁和干扰。

应当充分认识到，城市道路不仅是交通空间，更重要的是城市公共交往空间的主要部分。人们每天的公共活动实际上都是在城市道路空间进行，人们可以利用公园、广场、集中绿地进行休憩，同样可以利用良好的道路设施进行休憩。充满活力、独具特色的街道景观是城市特色的重要反应，理当成为流动的风景线。理性的城市规划应当承认并正视、利用人车共存的道路空间，而不是将两者隔离开来，所要做的仅仅是尽量创造舒适、安全的步行环境，并使机动交通便捷地为步行活动服务，这就是“步行友好”的城市道路空间的本质含义。

其次是创造公共交通友好的道路空间。街道空间（Street Space）作为公共空间的重要组成部分，除了提供交通通行空间，在提升街区活力、促进人际交往、创造更为适合人们居住的空间环境方面都具有重要作用。但是长久以来，由于机动交通的优势地位，街道空间理应具备的多重属性被人为地弱化了，除了尽量容纳更多的机动车辆，似乎并无他用，噪声、废气、汹涌的车流与急匆匆的人流构成了人们避之不及的恶劣环境，本来可以进行的漫步、会友、逛街等活动难觅踪迹。均衡的道路空间应当为所有使用者着想。在重视公共交通的同时也不能忽视其他类型的交通，这一工作是一个渐进的过程，应当随着时间做适当的修正、调整，并不是一定要采取大规模的建设行动才能取得实质性的结果。

最后也是最关键的是要塑造环境景观的“新生态”。人性化的道路景观设计从道路景观要素来讲，应充分体现对生态各要素的关心和对城市生态系统平衡的追求。这种“新生态”融合了现代生态学生物演进的规律，虽然城市永远不断地在变化，为人们提供着各种各样实验和探索的机会和场地，但其变化应有一条健康的主线。应当把一个城市的文脉、历史、文化、建筑、邻里和社区的物质形态当作一个活的生命来对待，当作一种生命的形式、一种生命体系来对待，要根据它的“生命”史和生存状态来维护它、保持它、发展它和更新它，从而糅合到道路景观的设计中，丰富其建成的语境，创造流动的人性化绿色道路景观。

（三）真正落实“以人为本”，创造一个市民快乐生活的交通环境

西方发达国家在吃尽车祸频发、交通污染严重等苦头后，终于认识到“车本位”

的危害性，开始注重交通安全与道路环境建设，将城市交通系统发展引向“人本位”的发展轨道。然而，在中国的许多城市，西方昨天曾经走过的弯路与我们今天正在进行的何其惊人相似。国际经验和发达国家交通战略的转向，是否可以给我们一些启示？自行车道才是尊重人类尊严和优美城市的标志，人行道也是如此。这两者才是城市服务于人的体现，而不是为了服务于高收入阶层的小汽车。

我们现在建设的城市大多是为了服务于汽车的机动化而不是城市居民的幸福生活。创建适合人类生存环境的任务不仅仅是简单地创造运营良好的城市，而更应该创造大多数市民能够快乐生活的环境。城市交通与社会发展中面临的其他问题不同，它随着经济的发展往往不是好转而是更加恶化，但它又与社会和经济有着深远的联系。因此，为了真正体现社会的公平，保持环境可持续性和经济增长，需要一种与过去以往我们所追求的模式截然不同的城市交通发展模式，即绿色交通模式。这种新城市交通模式的一个非常重要的部分就是需要提供充分的、高质量的行人公共空间，至少要保证行人空间和城市道路空间一样多。我们要成为行走的动物：行人。就像鱼儿要遨游，鸟儿要飞翔，鹿儿要奔跑，人需要行走，不是为了生存而是为了快乐。行人公共空间的重要性是无法测算的。加宽的行人道、步行街和更多更好的公园使人变快乐是无法用数学来求证的，也无法测量其程度。正如友谊、美丽、爱和忠诚等很多无法测量的东西。

一篇关于巴西湿地苍鹭的报道写道，小苍鹭在学飞过程中，有些会落到水里成为鳄鱼的食物。我们在同情小苍鹭的同时，也请顺便考虑一下城市中生活的孩子，他们正面临和小苍鹭一样的处境：当他们离家外出时，就会冒着被汽车压死的风险，因而有许多孩子非常惧怕汽车。中国作为世界上人口最多的国家，拥有世界最大的少年儿童群体，按照国际标准，中国现有约 3.6 亿儿童，其中有约 1.5 亿生活在城市中。武汉市的调查发现，专门为儿童设计、符合其生理尺度和心理需求的活动空间缺乏，大量儿童不得不生活、游戏于高楼大厦的阴影中和车水马龙的城市道路周边，环境质量低下，安全难以保障。“我们不能让孩子们脱离自己的视线，因此只能开车送他们去运动场等其他地方，而不是让他们步行和骑自行车外出。把他们绑在汽车的后座，每日接送上下学、运动训练和钢琴课，男孩和女孩都像溺爱中的囚徒。”人们可能会认为发展中城市有那么多需要满足的需求，高质量的行人空间只能是无意义的想象。尽管高架桥梁和道路经常被用来象征城市的先进，但实际上只有高质量的步行道才是宜居城市的最基本要素。

从城市社会的角度来看，城市的先进性应当体现在学步中的孩子能到处安全地行走，而不是拥有多少宽广的道路。我们必须知道，想要什么样的城市，也就是想要怎样的城市生活。我们是要创造一个服务于老人、孩子、穷人和其他所有人的城市呢，还是服务于小汽车的城市呢？显然，这一重大问题与工程技术无关，它与城市生活方式有关。城市交通问题更多的是政治层面议题而非工程技术问题。技术方面的问题相对来说比较简单，决策之困难在于确定谁将是新模式的受益人。我们敢于创造一种与当今所谓先进城市不同的交通模式吗？或者说敢于创造一个更多服务于穷人而非小汽车的交通模式吗？我们正努力寻找能使全市人民尽可能享受洁净和舒适生活，一种高效而经济的生活方式吗？抑或我们仅仅是为了减少高收入者的交通拥挤呢？

城市的经济和社会健康状况很大程度取决于交通系统的运行情况。社会学家郑杭生先生认为，社会系统的运行和发展可以分为良性运行、中性运行和恶性运行三种类型。城市交通作为城市社会大系统中的一个重要子系统，其运行有着内在的规律性，也存在良性运行、中性运行与恶性运行三种类型。如何评价城市交通及交通环境的质量或状态（类型），并不是统计城市拥有多少交通设施、多少交通工具（如小汽车），或者说统计有多少宽马路与高架桥，而是应该去观察人们的日常活动是否处于正常的生活状态。

一个具有良好场所意义的交通环境应考虑环境使用者——人的主体性和多重生理、心理需求。功能友好的交通环境会带给市民充分的愉悦感和美的城市体验。好的城市设计应当为交通环境创造适宜的社会互动情境。适宜的交通环境支持多样化社会交往事件的发生，从而促进社会融合和社会资本积累。成功的关键是一个正确价值观的普及和广为接受，绝不仅是拓宽道路、革新技术那么简单。城市交通环境治理之路依然任重而道远。

第五节　可持续发展的城市交通规划

城市交通研究与可持续发展理念的融合形成了特定的规划模式，随着对城市交通认知的进一步深入，城市交通规划模式与方法体系得到不断完善。可持续交通在安全、便捷、经济和高效等传统定义上明确了将多赢目标作为城市交通发展的重要组成部分，可持续交通能够满足经济、社会、环境等可持续发展的需求。本节对当前城市交通规划现状进行分析，针对可持续发展背景下城市交通规划给出合理化建议并对城市交通规划发展趋势进行具体研究。

交通是城市发展的基本功能之一，对城市的经济增长、规划拓展等都起到决定性作用。高效、便捷、快速的城市交通系统能够增强城市的综合竞争力，提高广大市民的整体生活质量。随着城市化建设进程的加快，行车难、停车难等问题已经成为阻碍城市交通发展的通病，影响城市的健康发展。城市交通规划的战略目标是构建安全、高效、和谐、环保的交通系统，满足经济、社会与环境的可持续发展需求。

一、城市交通规划现状分析

（一）注重基础设施建设，忽略交通发展规划

自改革开放以来，我国城市交通发生了翻天覆地的变化，无论是大城市还是中小型城市，在基础设施建设方面都取得了一定成就，为了进一步稳定社会经济的发展，我国开始加快基础设施建设，提出建成城市快速交通系统，进一步完善交通网络，过度集中建设导致城市中建筑工地数量增加，严重影响城市交通，大量的建筑粉尘也会影响居民的居住环境。另外，为了在短时间内完成基础设施建设，总体规划与工程进度方面都会显得不够成熟，从而对城市交通规划造成负面影响，而且由于对交通发展战略的规划重视程度不够，致使对城市交通发展做出的指导思想与战略目标落实不到位。

（二）人口急剧增加造成城市交通拥堵

在社会经济稳定发展的背景下，城市的发展逐渐向外扩展，发展中的城市要求具有良好的居住环境、舒适的工作场所、合理的产业布局等功能，随着城乡一体化建设，农村人口向城市涌入，城市人口的剧增导致了城市交通问题凸显，使交通越来越拥堵、生态日益恶化，严重影响城市生活质量。

（三）私家车影响城市交通

随着人们生活质量的提升，私家车的数量迅速增长，虽然私家车时代改善了人们的交通出行方式，提高了人们的生活水平，但是由于私家车出行不受控制，造成城市交通严重拥挤，尤其在上下班高峰期，交通拥堵成为最棘手的社会难题，直接影响人们生活的幸福感。

（四）缺乏道路网络弹性规划

加强城市交通规划的最终目的是满足城市社会经济可持续发展，在进行城市交通规划时，政府部门很容易忽视城市交通可靠性发展原则，急功近利，仅针对眼前的交通拥堵状况进行规划，在这种规划建设中，规划方案的弹性较差，无法对未来的不确定因素进行预估，这种缺乏弹性的城市交通规划是不能够满足城市快速发展需求的。

二、交通可持续规划衡量标准

建立高效、经济、环保的城市交通系统，满足社会发展的需要是建设可持续发展的城市交通系统的原则。可持续交通要确保经济上可行，对交通设施的建设要具有工程经济型，将交通设施作为经济发展的支撑，合理分配社会资源，促进一体化市场的形成。可持续交通要确保社会能够接受，在进行城市交通规划的同时要保护人类的心理与生理健康，提高社区交通的便利性，要考虑交通规划的社会效益，加强对弱势群体的关注。交通系统的规划一定会对自然资源有所依赖，因此，必须将规划过程中对土地资源、水资源和生态环境等方面的影响控制在最小。可持续交通要确保财政可承受，对城市交通规划要与城市财政支付能力相协调，争取在有限的财政投入下获得最大收益。

三、可持续发展视角下城市交通规划途径

（一）构建全方位交通管理格局

为了城市社会经济可持续发展，要充分发挥城市交通管理的综合效能，构建全方位的交通管理格局，建立城市交通综合管理委员会，制定科学合理的城市交通规划方案，通过管理委员会来指导并协调交通、城管、环保和建设等相关部门工作，完善交通秩序管理，加强交通运输规划，对管理资源进一步整合，形成管理合力，保障交通顺畅。另外，要加强城市交通流向、流量的调查分析，通过有关部门对其具体研究，进一步提升城市交通管理的科学性与合理性。

（二）加强城市交通安全宣传

城市人口与私家车数量急剧增加，导致城市交通拥挤状况非常严重，所以要加强城市交通安全宣传，提高广大市民文明交通素质，构建交通安全与交通法规宣传

长效机制。严格把控驾驶员培训机制，提升新驾驶员整体素质，提高社会公众参与城市交通的主体意识，树立起文明出行的道德意识。

（三）挖掘道路交通系统运用潜力

面对当前城市交通存在的诸多问题，需要制定并完善城市整体交通规划，合理利用土地结构，确保区域之间交通总量和交通分布均衡，最大限度地减少无效交通量。另外，要准确地掌握城市交通的需求变化，制定相应的车辆使用相关政策，挖掘道路交通系统运用潜力，通过便捷的服务吸引大容量的公共交通方式，使车辆的拥有量与社会经济发展水平相适应。

（四）优化基础设施建设

为了使交通结构更加优化，需要对城市交通基础设施建设进行优化，改变原有的被动适应机动车发展需求的基础设施建设模式，建立以高效出行为目标的基础设施，大力发展公共交通系统，提高公共交通服务水平，控制静态交通设施数量。

四、城市交通规划趋势

在可持续发展背景下，城市交通战略规划会直接关系城市综合交通系统的总体规划，所以一定要以统筹兼顾的视角对城市交通规划进行定位，在特定价值取向下对交通结构、交通规模等进行预测，对基础设施的规模、交通政策的发展等进行合理安排，规划出多方面拓展的交通新模式。

（一）实施多维发展决策

随着机动化出行需求的不断增长，传统的城市交通规划模式显然无法引导城市向高效方向发展，由于道路基础设施等级的提升反而会激发私家车数量的扩张，导致交通拥堵、环境污染等现象日益严重。在可持续发展理念的引导下，城市交通规划决策体系必须由一维向多维目标转变，与可持续理念相匹配，科学合理地对交通进行整合，以长远的眼光来规划城市密集型发展，为制定可持续发展交通提供保障。

（二）明确城市交通规划核心发展要素

在对城市交通战略规划中，一定要明确核心发展要素，主要包括道路网、公交系统、巴士和轨道、土地利用及需求管理政策，在可持续交通理念下需要对城市交通核心战略要素做出重要选择，进一步明确核心要素的决策基础。

（三）合理制定城市交通规划流程

在明确城市交通战略决策之后，需要合理制定城市交通规划流程。首先，要将战略要素应用到交通建设的各个过程中；其次，要对核心要素进行决策，设计出备选方案；最后，要通过宏观的交通模型与所设计的方案进行对比，明确交通战略方案并进行优化，突破传统定性描述式规划体系，有效提升决策的科学性。在评价指标中引入经济变量、环境变量及财务变量，贯彻可持续发展衡量标准，确保决策结果的可行性。

城市交通拥堵问题给人们的出行带来了很大影响，交通拥堵已成为城市管理的主要难点之一，随着人们生活质量的提升，在出行时大多会选择出行效率高且交通资源占用高的交通方式，往往会给整个交通系统带来压力。在可持续发展理念背景下，城市交通规划要合理引导人们对交通方式进行选择，使交通方式适合交通资源配置。同时，可持续发展背景下城市交通规划要能够满足人们出行的基本需求，要在可持续发展视角下借鉴国际先进交通规划模式，不断创新发展理念，不断优化城市交通规划，确保我国城市交通战略能够符合以人为本的城市交通发展要求。

第六节　城市交通治理能力的盐城实践

盐城地处东部沿海，是国家“一带一路”的重要节点和长三角重要的区域性中心城市。盐城陆域面积为 1.7 万平方公里、海域面积为 1.9 万平方公里，户籍人口 830 万，是江苏省面积第一、人口第二的城市，经济总量在全国 338 个地级市中居 37 位。全市道路通车里程约 2.14 万公里，占全省通车里程数的 1/7，名列江苏省第一，境内 4 条高速公路总长 397 公里，4 条国道总长 677 公里，17 条省道总长 1217 公里，县乡及“村村通”公路总长近 1.72 万公里。机动车驾驶人 204 万人，其中汽车驾驶人达 171 万人，分别占总人口的 24.6%、20.6%。机动车保有量达 104 万辆，其中汽车达 80.7 万辆，平均每 8 个人拥有 1 辆机动车、10 个人拥有 1 辆汽车。

盐城的交通区位优势明显，交通安全也迎来前所未有的挑战。盐城公安始终坚持以人民为中心的发展思想，坚持民意导向、问题导向、效果导向，践行善治交通理念，积极探索符合盐城实际的交通安全管理新路子。全市交通事故死亡人数连续

8 年下降，自高德地图发布城市拥堵排行榜以来，盐城是最不拥堵的城市之一，群众安全感、畅行感和满意度明显提升。

一、在空间布局上，推进城市、农村一体化

随着乡村振兴战略逐步推进，农村道路建设力度持续加大，交通条件日益完善，农村地区道路里程数占全市总里程数的 86%，农村公路交通事故数和死亡人数占比逐年上升。盐城坚持问题导向，在空间上推进城乡交通治理一体化，让发展和安全惠及城乡。

交通安全设施均衡化。新一轮的农村公路提档升级三年行动计划，农村道路宽度普遍从 3.5 米扩至 6 米，农村交通的毛细血管被打通拓宽。但农村交通安全设施配套滞后，很多道路基本没有任何交通安全设施，呈“裸路”状态。亡人事故主要集中在无红绿灯等安全设施的道口、集镇道路连接国省道的路口、临水路段。这些区域的事故死亡人数占农村地区事故死亡人数的 80% 左右。为解决农村地区交通安全设施薄弱的问题，盐城向省人代会专门提出《致力推进城乡交通治理一体化》议案，将城乡道路安全管理纳入法制轨道。实践中，在农村“村村通”公路改造时，督促建设部门落实“建设、管理、养护和运营”四级管理体系，对临水、国省道搭接路口等事故高发地段，安装安全防护设施，缩小中隔开口距离，将“T”形路口改造成“Y”形路口，有效减少了安全隐患。经改造后的 47 个路口、71 条路段，至今未发生亡人事故。

集镇交通管理城市化。集镇是农村人口集聚区域，也是重要的交通节点。全市 21 条国省道穿越 47 个集镇。集镇交通秩序既是美丽乡村建设的重要内容，也是交通安全的重要保证。选取全市 10 个重点乡镇开展集镇城市化治理，在国、省道主要道口和重点集镇路口交通组织渠化工作，设置“严管路口”、礼让斑马线，施划停车泊位、禁停黄标线，增设禁停标志、抓拍设施，联合城管部门取缔路边流动摊点、清理沿街广告标牌，严格整治各类“杂车”“僵尸车”等交通乱象，切实改善镇区交通面貌。

道路联勤联控一体化。农村道路交通管理力量不足是普遍性难题。在市区全面推行路长制的基础上，向全市 156 条重点农村道路进行推广，整合派出所、巡特警等力量，实行一路一长、一路一策、一路一体，形成“人人有路、路路有人、人人有责、路路有序”的生动局面。对全市事故多发、高发道路实施严管严治，特别是

在228、204国道，建立联勤指挥中心，沿线中队实行联勤机制，依托市县际卡口、超载超限检查站，通过组织集中统一行动、异地交叉执法等方式开展路检路查，提升事故预防的针对性和实效性。发挥摩托机动化优势，组建10支铁骑队，新招800名辅警力量，既管交通、又管治安，有效弥补管理盲区，提高社会面交通治安管控能力。

二、在治理内容上，推进动态、静态一体化

城市交通是一个非常复杂的开放系统，需要抓住变与不变，统筹动、静两个层面，从多方位、多层次入手，全力维护秩序、保障畅通、保证安全，努力创造良好的交通环境。

抓动态。近年来，盐城从宏观、中观、微观三个层面，加大供给、优化结构，强力整治、破解顽疾，划分小单元、夯实责任，有效解决动态行车问题。2018年，全市推进“大交通”建设，开建高架三期工程，大市区20条道路同时封闭施工。得益于前期探索实施的动态交通治理，大市区交通依然保持畅通有序，在高德地图发布的畅通城市排名中保持前三。

整静态。停车难是大中城市普遍面临的难题。盐城聚集静态交通，主攻停车问题，集中攻坚“乱施划、乱收费、乱停车”三大问题，在大市区实施停车秩序整治，统管停车泊位，组织开展“大巡查、大执法、大清拖”专项整治行动，综合运用科技、法治、宣传等多种手段，按照“一个信息管理系统、一个停车设施建设标准、一个停车收费标准、一个停车管理办法”“四个一”的工作思路，重构城市停车服务管理体系，初步确立盐城停车规矩，逐步实现停车供给科学化、停车秩序规范化、停车收费合理化、停车服务智能化“四化”目标。

动静结合。动态和静态是交通体系完整的生态链，必须坚持系统思维，按照停车管理和行车管理相结合、交通组织和执法管理相结合、交通供给和需求抑制相结合的思路，统筹人、车、路管理要素，切实打好主动仗、整体仗、协同仗，逐步建立顺应城市发展规律的交通管理服务体系，只有实现动静态交通平衡，才能保障城市机能正常高效运转。

三、在联动协作上，推进建设、管理一体化

当前，交通安全建设明显滞后于城市建设和基础设施建设，无法满足正常的交通管理需求。盐城市紧盯规划、建设和管理等核心环节，狠抓顶层设计、风险控制和规范管理，切实解决建管分离、管建脱节等影响交通安全的根源性矛盾。

安全共建。向市委常委会专题汇报，提请成立道路交通安全委员会，推动政府出台了《道路交通安全设施建设管理办法》，明确道路设计、施工、验收、使用“四同时”工作规范，完善交通安全分级管控机制，做实做硬交通环境评价。将以下六类项目纳入评价，并实行一票否决：1. 市区建成区内，建设项目规模超过 2 万平方米的大型公共建设项目及超过 5 万平方米的居住类项目；2. 边缘组团、城镇及重点地区，建设规模超过 5 万平方米的大型公共建设项目及超过 10 万平方米的居住类项目；3. 大型城市交通设施（如航空、铁路、公路的客货站场、客货运码头、物流中心、公共汽车停车场、社会公共停车场、加油站、公交枢纽、出租车服务中心等）；4. 距城市主次干道交叉口 120 米以内需开设机动车出入口的建设项目；5. 在城市主、次干道上施工并对交通有严重影响的路桥工程项目；6. 规划行政管理部门或公安交通管理部门认为对城市交通有严重影响的其他建设项目。2017 年以来，先后叫停人民路学海路悦达地块、凤凰汇天辰府等 3 个大型建设项目，真正把交通需求印在了相关部门的脑海里，从源头上消除先天不足的“畸形儿”。

隐患共治。充分发挥公安主力军作用，联合交通部门开展道路安全隐患“定期巡查行动”，建立“四巡查”工作制度，对未中断交通的施工作业路段每天开展一次巡查，对封闭施工路段每周开展一次巡查，对国省道及农村公路每月开展一次巡查，对校车行驶路线每学期开展一次巡查，及时发现新增的安全隐患路段，实时推动整改。选择事故高发的 228 国道组织开展交通安全管控会战，推动政府开展路域环境综合整治，建立交通安全隐患排查整治机制，先后优化 45 处平交路口交通组织、新增 50 处路口照明设施、推进 6 个服务区建设。2018 年交通事故同比下降 56.25%。

示范共创。围绕高质量的目标追求，抓示范引领，解放思想、确立标杆，全面提升整体建设和管理水平。围绕市区高架快速路建设，专门成立“项目办”，对接设计、施工单位，对配套的交通设施、智能管理设备进行统一科学规划，同步制定符合我市实际的快速路管理模式和勤务运行、应急保障工作机制，确保道路开通后各

项设施、措施同步运行。盐城高架运转以来没有发生亡人事故、没有发生长时间拥堵，成为盐城一道亮丽的风景线，得到政府肯定、各界认可。

四、在方法手段上，推进治标、治本一体化

“标”是现象，“本”是本质。盐城市始终抓住影响交通安全的主要矛盾，以治标促进治本，既猛药去疴、重典治乱，也久久为功、综合治理，努力实现根本性转变。

紧盯突出问题，开展专项治理。在治安问题上，盐城市以“黄海行动”为载体出重拳，成为全国有一定知名度的品牌；在交通治理上，盐城市以“五个一”区域整治为抓手，对重点问题区域及周边交通开展根本性治理，通过治理一个、带动一片，实现全域治理。近年来，按照先难后易的原则，学校、医院、商贸、小区等交通单元逐一突破，区域交通秩序明显改善，得到了社会认可和群众赞誉，也增强了“难题可治”的自信，一块一块小的安全畅通推动了整体的安全畅通。

抓住关键节点，筑牢铁桶工程。把控全市 95 个市际出入口、28 个高速出入口等关键交通点位，全面建成智能卡口，布建车辆抓拍、视频监控、电子围栏、网络围栏、人证一体采集安检门等全项数据信息采集前端，实现多维数据采集，织密一张防控网，全面采集进出盐城的车辆和驾乘人员信息，通过线上分析研判、线下精准布控，有效令隐患车、隐患人进不了市、上不了高速。卡口大队民警朱勇发挥职业特长，精细研究假牌、套牌查缉战法，深度挖掘公安大数据资源，第一时间将查控指令、研判结果通过点调系统等推送到全市各卡口点。

坚持以人为本，强化宣传攻势。凸显“人”的关键主导地位，以交通安全宣传为载体，针对不同群体精准开展交通安全宣传，提升群众的守法意识和安全防范意识。发挥新媒体覆盖面大、扩散力强等特点，着力打造“两微一抖一直播”的宣传阵地，影响力全面提升。2018 年 7 月 25 日，在公安部“2018 年度互联网 + 城市交通管理”论坛中喜获十佳多媒体创新奖。组织开展“随手拍”等活动，增强群众的交通安全意识和参与度，设立校园交通安全宣传周，把安全知识送到孩子手中，取得了很好效果。

第六章　现代城市更新服务

第一节　城市更新中的困境

城市更新伴随城市发展应运而生，对挖掘存量土地价值、优化城市空间布局等具有重要意义。本节研究分析城市更新的理论内涵及其发展，论述当前发展存在的问题，并提出相应策略建议。

自改革开放以来，我国经济飞速增长，城市化进程如火如荼，城市土地价值水涨船高，政府对土地财政收入与房地产经济依赖日益增强。同时，城市发展也带来了土地利用效率低下、城市规划混乱、基础设施不完善、生态环境恶劣等问题。新常态下，政府提出未来城市发展要从“外延式扩张”转向“内涵式发展”。在城市转型升级与土地资源逐年紧缩的双重约束下，城市发展重心将转向“挖掘盘活存量土地”。2014 年，上海“亚洲城市论坛”提出亚洲城市更新本质的构想，即城市更新既是城市发展的战略选择，又是城市发展的综合过程，也是优化城市空间资源配置、实现存量土地价值、促进资本循环的有效途径，故城市更新作为未来城市发展经济的新增长点具有重要意义。

一、城市更新理论内涵及发展

（一）理论内涵

“城市更新”一词最早出现于 1958 年 8 月在荷兰召开的第一次城市更新研讨会，会上首次对“城市更新”做出解释说明。西方城市经历几十载的探索与发展，对城市更新的理解已趋向成熟。其中具有代表性是 Roberts 将“城市更新”定义为：“用一种综合的、整体性的观念和行为来解决各种各样的城市问题。应致力于在经济、社会、物质环境等各方面对处于变化中的城市地区做出长远的、可持续性的改善和提高。”该定义突出强调了城市更新是多因素综合协调的过程，不是单一维度的改变。

（二）发展

我国城市更新出现较晚。1980年经济改革初期，城市更新主要任务是大规模地拆除、整治、改善。为快速改善旧城区环境，使之适应高速城市化发展，拆除成为解决城市问题的主要途径。大量老旧住房被推倒重建，市政基础设施改善，物质生存环境提高，城市更新伴随城市化进程快速发展。20世纪90年代，市场经济体制初见端倪，为城市发展带来空前机遇与挑战，给城市更新中的利益相关者提供了更多机会，地产导向的再开发与历史建筑保护意识逐步显现。私人企业、开发商等开始以独立身份参与城市更新活动，与政府达成互惠共赢的经济合作模式。私人企业、开发商的介入带来了雄厚的资金投入、市场技术与开发经验等，降低了政府操盘风险，为预期经济收益达成提供了保障。吴良镛先生从历史城区的整体保护和人居环境建设视角，提出"有机更新"思路，主张循序渐进、小规模整治。随后，"小规模"渐进式理念逐渐被推广。21世纪，随着政府提出"科学发展观""和谐社会""共建共治共享"等社会治理格局，城市更新由单一经济维度向经济、社会、文化、生态等多维度综合发展。参与对象也由政府单一主导转变为政府、开发商、居民等构建的多元主体力量。城市更新不仅是简单对旧建筑、旧设施的翻新，而且是一种城市建设的技术手段，也可能是一种房地产开发导向的经济行为，还具有深刻的社会和人文内涵。

二、我国城市更新现状与主要问题

城市更新作为城市发展困局的破解之道，在改善居民住房质量、优化城市空间布局、提升土地利用效率等方面发挥了显著作用，驱动了城市经济新增长。在资源约束下，未来"城市更新"仍是"存量规划"时代的主要发展方向。城市更新具有重要意义，给经济增长与城市发展带来新的契机，但目前的城市更新仍存在许多问题。

（一）拆迁补偿混乱，缺乏规范标准

拆迁补偿是城市更新中非常重要的一环，若此问题得不到妥善处理，城市更新项目从一开始便无法顺利推行。在政府、开发商与居民博弈过程中，政府的特定角色赋予其强大的参与博弈的能力；开发商作为政府引入的开发主导者，参与度高，博弈能力仅次于政府；居民作为被动接受者，参与度弱，博弈能力也较弱。开发商通过压低拆迁住户的既得利益来实现自身经济利益，但拆迁住户权利主体多、分散，

且要求多种多样，现行法律法规无统一的拆迁补偿标准，致使报价无合理的价格参照，谈判双方期望的价格悬殊，谈判难度大且持续时间长。

（二）居民融合度低，缺乏参与制度

居民作为城市更新的实际受益方，项目最终呈现效果直接关乎其切身利益。但实际过程中，政府与开发商主导整个更新项目，经济效益实现成为更新改造的首要目标，在规划、实施、治理等阶段均未充分采纳被拆迁居民及周围社区居民的意见，忽视了居民的改造意愿与真正需求，居民参与度低，利益诉求途径有限，其合法权益得不到保障。长此以往，居民与政府、开发商之间的信任和凝聚力被质疑与破坏，不利于改造项目顺利推进。

（三）权益不均，缺乏利益分配机制

我国目前的更新改造以控制干预为主，土地增值部分主要归属于开发主导者，由于开发商的逐利本性，居民在利益分配中无话语权，而其更新可能带来的“负外部性”则由社会与居民承担，这显然是不公平的。现行法律规范未制定出完善的可保障利益公平均分的政策与机制，公众利益常遭到漠视，无针对性的有效措施。

（四）注重经济效益，缺乏多维意识

城市更新内涵从单一维度（经济维度）向多维度（经济、文化、生态等）升华，进一步注重更新的可持续性建设，更系统地协调解决各种城市问题。但实际开发中，经济利益仍主导着更新规划，未兼顾社会效益、文化效益和生态效益。旧城改造，主要以提高建筑密度、容积率、建筑高度、外立面美化等方式进行再更新，未充分因地制宜，利用好改造区的文化底蕴及其潜在价值。虽然一定程度上缓解了城市居住压力，改善旧城区落后形象，但因人口集中，基础设施建设不匹配，居民生活质量、生态环境均遭到不同程度影响，进而降低居民舒适度、幸福度。

三、城市更新发展策略

城市更新过程不可能一蹴而就，必然出现许多问题，而问题解决有赖于更有效和更有针对性的措施。针对上述问题，提出以下策略。

（一）政策护航，建立完善法律法规

全面法治社会下，“有法可依”是治国的前提，也是规范城市体系下各种活动的前置条件。相应的城市更新法律法规可为更新改造提供可靠的法律支撑及执行权力，

可规范各活动主体的经济行为，保障其各自合法权益，辅助解决拆迁补偿、利益分配等难题。政府应深入分析城市更新特点，开展居民调查，结合居民反馈，致力于挖掘痛点、难点，梳理突出矛盾，新建或更新相应的行政制度、规范条例，将所有行为纳入法律监管之下。如拆迁补偿问题，政府可分市、分区建立基于客观成本与利润的补偿标准，规定补偿方法及额度，做到统一，避免“钉子户”出现。

（二）共治共享，健全多方参与机制

城市更新应是政府、开发商、居民各权利主体共同参与、治理和分享的经济活动，彼此之间充分信任、相互依赖才能使其发挥最大社会效益。目前，城市更新决议多采用“自上而下”模式，未充分考虑底层居民意见，反而降低了更新效率。规划前应公开征求居民意愿，在改造方案中采纳居民意见，融合当地人文、历史等因素，加强居民主人翁意识。充分公开项目信息，包括改造方案、拆迁补偿、利益分配、施工信息等，动员社区力量，建立有效的监督机制。多方位增加与居民的对话渠道，建立平等博弈地位，有效激励社区力量参与更新改造，促进城市更新高效推进。

（三）多元并进，渗透可持续发展理念

城市更新目的是对城市衰败区域进行拆迁、改造或建设，以全新的城市功能替换其物质空间，使之重新发展和繁荣。在新的城市发展背景下，政府更注重城市内涵式发展，可持续建设理念被推广。城市更新应更注重经济、社会、文化、生态等因素的相互平衡。改造规划需充分考虑改造区的人文历史、生态环境、基础建设等情况，对历史建筑加以保护，对传统人文加以发扬，量身制定合理的特色规划方案，最大限度地提升改造内涵。同时，坚持以提高居民生活质量为目标，围绕居民需求开展前期规划。

（四）事后管理，加强效果评估反馈

城市更新项目的周期长、投资大、利益相关者众多，对城市影响较大，故需加强项目事后评估与反馈。对改造前后经济效益、生态效益等进行对比，建立评估指标，分析改造方案的有效性，梳理方案中的可取之处与不足之处，积累规划经验，建立相应数据库，不断指导、完善今后的改造更新项目。城市更新是一个动态持续过程，不确定因素众多，建立有效的项目评估机制对城市更新项目的推进具有重要的制度意义与现实意义。

城市更新是新时代带动城市发展的重要动力，是城市发展转向质变的重要途径，

随着城市发展，其内涵不断丰富。从开发角度看，由单一地产导向转向文化、生态等复合的多维综合导向；从参与对象看，由政府主导转向政府、开发商、居民的多元主体力量。目前，城市更新尚存许多问题，但其为解决城市矛盾提供了方向，未来各方应致力于建立完善的城市更新体制，使城市发展历久弥新。

第二节　城市更新的发展进程

随着我国经济社会的快速发展，城市化水平不断提高，城市空间扩张加剧，功能更迭日趋频繁，城市更新的速度、规模和体量持续提高。特别是进入 21 世纪后，我国城市更新的目标、内容、手段等日趋复杂，出现了许多新的问题。本文从城市的更新改造、渐进发展和与之出现的问题三大方面系统地梳理我国城市的发展进程，总结现今我国城市发展的特征和具体实施方法，为未来发展绿色、健康的新型城市发展提出建议。

近年来，随着我国城市发展逐步由粗放式扩张转向内涵式增长、从增量开发转变为存量开发，城市更新已成为城市发展的重要手段。当前我国城市正处于从“旧城改造”向“城市更新”转变的过程中，面对产业升级转型和资源环境短缺的压力，我国造城运动的热度相比前些年已大幅降温。本文对近年来我国城市更新发展演进过程进行系统梳理，厘清近些年城市更新思路的变化，总结当前研究存在的问题，并展望未来我国城市更新研究的方向与重点。

自改革开放以来，我国各地的城市出现了前所未有的发展变化，国内学术界人士普遍认为 20 世纪 80 年代初是我国城市发展的分界点。中华人民共和国成立以来，城市更新分为两个阶段。从 20 世纪 50 年代后期到 20 世纪 80 年代，城市的发展主要集中在旧城改造方面。当时城市更新改造的主要区域多为中华人民共和国成立前人口密集、容积率较高的旧城区和环境污染比较严重、人居环境质量差的城郊棚户区，这些区域的住房问题、生态环境问题和交通问题在当时受到了国家和社会的关注。但是由于当时国民经济总量较低，经济环境较差，而旧城区城市更新需要的改造成本较高，更新活动一直未能有效进行，我国城市的更新一直处于举步维艰的状态，城市功能布局混乱、产业结构失调和人居环境质量较差等问题并没有得到根本上的解决。1980 年以后，由于国家的政治体制、经济体制改革，整个社会形态逐渐发生改变，城市空间和城市功能布局也慢慢随之转型，在以经济形态为中心的社会大环境下，以物质形态更新为特征的大规模推倒重建模式成了更新的主要方法。这种状况产生了一系列后果，导致国内大部分城市中心城区被过度开发，很多百年甚至传承千年的历史风貌建筑被破坏，也导致原有社会网络被破坏，应向综合、系统、渐进的城市更新模式转换。城市更新的优势在于，可以把城市作为有机生命体来认识，对于城市自身发展、起源、变迁的认知和剖析的透彻，有助于更清晰地了解城市更新运动中需要遵循或避免的一些方面。

一、我国城市更新的发展进程

与西方国家不同，我国城市发展目前尚处于城市化的初级发展阶段，城市更新改造方面的探索研究也相对起步较晚，落后于西方发达国家。中华人民共和国建立初期，由于国家的重心在于经济的发展与恢复，城市建设的重心主要在于生产建设，当时的发展目标主要以生产型城市为主。在过去的计划经济体制下，我国住区开发的主体主要是政府职能部门或企业本身，城市的服务对象一般为国家机关、企事业单位。在计划经济的粗放型模式的开发下，居住环境建设粗糙，建设质量不高。当时，国内兴起了由政府主导的公益性拆迁模式，相对于可持续的城市更新方法，这种模式在不同程度上呈现出计划分配、自给自足的封闭式特点。

改革开放以后，随着经济体制转型，我国才逐渐走上了现代城市化道路，大规模的城市更新运动逐渐出现。市场经济为城市人居环境建设和城市景观风貌建设的发展带来了契机，使之进入了全面发展的新时期，城市更新理论的研究有了较大的发展，一系列权威论著和专题论著相继出版，成为设计者的守则。但由于中央与地方政府之间社会经济发展价值取向呈现“二元思维”特性，城市政府从盘活存量土地到进行大规模的城市更新，形成以增加财政收入为主的土地利用思维模式。拆迁模式从公益拆迁模式向政府主导的商业拆迁模式转变，在这场转变过程中，许多拆迁矛盾和问题产生。城市更新在城市政府作为更新发展主导、开发商之间的利益关系、市场经济推动和公众参与等多种因素拉动下展开。

在我国，人们对于“城市更新”一词的理解在很长一段时间内一直停留在对具体的物质环境的设计与改造。直到 20 世纪 80 年代，吴良镛教授在提出“有机更新”的理论才逐渐改变人们的观念。吴良镛教授对北京市旧城区的规划和建设进行了为期数年的研究，把北京城的实际情况与中西方多个城市发展历史和更新经验相结合，提出了“有机更新”的理论，在对菊儿胡同的改造过程中，这一理论得到了充分落实。“有机更新”理论对我国大陆许多历史文化名城的发展都具有现实的指导意义。

我国城市更新发展历程有其独特的发展特征。其现代城市规划深受西方现代主义理论的影响。笔者从以下三个方面简述近年来我国城市更新运动的发展进程。

（一）旧居民区（棚户区）的改造方面

从时间轴上看，我国旧居民区重建大致分为三个阶段。

从新中国成立初期直至20世纪70年代，我国政府主要进行生产性建设，集中力量发展重工业，由于城市旧区既有土地存量低，可利用空间较为不足，再加上旧区基础设施陈旧、交通普遍不畅通等原因，当时我国主要建设项目大多集中在城市新区。解放初期，国家注重快速恢复社会经济生产，巩固新生的无产阶级政权，根本无暇顾及旧中国城市功能布局混乱、产业结构失调、生态空间破坏严重、人居环境质量差等诸多遗留下来的城市问题。主要的城市建设工作集中在北京、上海、天津等大型的经济政治中心，对待国民党统治时期已经千疮百孔的城市也只能是做到最充分的利用，逐步改造。所以当时的城市更新主要是在解决老百姓衣、食、住、行的基础上，着眼于改造棚户和老旧房屋，改善基本的市政设施，解决城市交通问题，保证普通居民最基本的衣食住行等生存需求，解决大多数人的居住问题。

从20世纪70年代开始，城市居民尤其是城市职工的住房短缺问题完全体现了出来，几年之间，对于居住区的建设和维护变得迫在眉睫。当时的新建住区主要集中在相对宽敞的城市新区。由于经济的逐步发展，城市人口的急剧上升，加之当时城市管理还没有形成比较完善的体制，在新的城市建设方面缺乏经验，导致在新兴的一些城市建设过程中出现了许多问题，大片的农田、绿地被非法占用，更可悲的是诸多经历战火硝烟得以保存的文物古迹遭到了严重破坏。城市中心区建筑密度大、容积率高，以当时的经验和能力基本无法对其进行改造和优化。因此，城市呈现出与发展规律相悖的“外新内旧”的状态。

改革开放以后，随着我国经济的飞速发展，城市建设进程得到了快速提升。快速增长的人均收入作用于城市发展，城市经济水平飞速提升，但老旧城区建筑质量和环境质量的提升速度却被远远地甩在了后面。困难也是机遇，随着土地政策的逐步完善，新兴的房地产业蓬勃发展，一幢幢高楼拔地而起，使城市一天比一天更加拥挤，可供开发利用的土地却越来越少。旧城区的改造在这种“内部因素”与“外部因素”的耦合作用下得到了新的发展契机。20 世纪 90 年代以后，随着大批的农村人口拥入城市，城市人口数量急剧提升，我国居民对于城市住房需求达到了前所未有的高度。在市民刚需住房得到有效解决的前提下，我国城市更新运动以空前的规模和速度展开，在此之前存在的一些布局不合理、居住拥挤、混乱，交通堵塞、环境污染，市政设施不配套、老旧房屋较多等问题也得到了不同程度的改善。但是，由于城市结构固有的稳定趋向性和趋于原状的惰性特点，这些历史性问题并不能在短期的发展内得到根本性解决。

（二）历史街区保护方面

我国是一个古老的国家，大多数城市有着悠久的历史，各个城市均有其独特的文化风貌与城市景观特色。在以往的城市更新改造中，城市的历史沿革与文脉传承并没有被放在重要的位置，更新过程中缺乏对历史和文化的尊重，地域文化和地方风情的价值也没有得到重视。各种急功近利的旧城更新活动，致使历史文化街区、历史文化古迹和风貌受到不同程度的破坏。在大环境的影响下，城市的“国际化范式”快速替代了城市原本独特地域景观的地位，导致千城一面。

在诸多城市的逐步更新发展中，我们应该站到一个宏观的角度，着眼于历史沿革与文脉传承，要认识到文物古迹的历史性与重要性，去发现每个城市独有的历史文化风貌。在城市改造更新的过程中，实施者应该将文物古迹的修缮、老旧建筑的更新、历史街区的维护与我国传统文化在城市空间的延续、改良和再生融合在一起，在城市的更新和建设过程中，努力地寻找一种新型历史文化街区模式，将我国古老文化的传承与城市更新发展两个方面做到完美融合。

（三）城市更新管理方面

新中国成立初期，我国的城市管理体系并不完整，需要解决的问题很多，在城市逐渐发展的过程中，公民和政府积累了大量经验。从改革开放开始，我国城市更新管理体系逐步完善，许多问题在近些年的发展也都得到了解决，政府部门在城市管理方面取得了长足的进步。但长期以来，我国实行的城市更新管理体制与城市行政管理体制相类似，依然带有强烈的自上而下的计划经济色彩，还存在着一些不足之处：城市行政管理机构责任划分不够合理，政府的干预和调控手段明显不适应城市的快速发展，这些不足之处均影响着政府与居民、企业等各个部门之间的协调、沟通和共同发展，导致城市更新无法像预想的那样进行。

二、现阶段我国在城市发展更新进程中出现的主要问题及对未来的展望

经过了数年的发展，我国的城市更新发展已经取得了一定的成绩，但在发展过程中又出现了许多新的问题，目前存在的问题主要包括以下方面。

城市的功能布局、结构调整和空间重构应该将整个城市作为研究对象，但在城市更新的过程中没有将城市作为一个有机整体考虑，单个具体的更新项目无法从本质上解决城市结构失调、城市布局紊乱、人居环境质量差、城市交通拥堵，以及市政设施、公共设施利用效率低下等问题。

旧居民区改造过程中，由于巨大经济利益的驱动，城市更新目标以土地效益为主，目的是创造更具经济价值的空间，更新方式以见效显著的拆除重建为主，这样的方法仅注重盘活存量土地和分配短期利益、缺乏长远的眼光和系统的规划，忽视人居环境质量、城市品质、功能与内涵提升的更新方法，给城市文化遗产保护造成巨大损失。

历史街区的更新改造与城市的功能布局和产业结构息息相关，在进行更新的过程中，不宜从单一角度出发去考虑问题，目前已经完成或者正在进行的历史街区更新都或多或少地以商业利益为驱动，以经济价值为导向进行的更新改造过程中，目标的文化价值和历史价值被看作可有可无。这就要求规划者首先应该转变思考方式，变“规划制约”为“激发鼓励”，才能将历史街区更新引向一个正确的方向。城市管理过程中，规划部门、发改委、国土部门，以及房产与民政等部门分别从各自领域开展工作，各部门之间缺乏总体的规划和协调，项目行政审批程序、复建安置资金管理，以及政府投资和补助等相关配套政策缺乏有机衔接。

城市更新不仅是城市发展过程中的一项建设活动，更是城市整体发展的调节机制。从城市发展的客观规律来看，城市发展始终在一个“兴盛—衰败—更始—再兴盛”的新陈代谢循环中，城市更新是一项综合性、全局性、政策性和战略性很强的社会系统工程，不应该只注重“增量”和“增效”，要秉持着人本主义的思想，以保护生态、改善民生、提高人民幸福感、提升城市品质、体现地域特色、注重历史文脉的传承、构建宜居环境为目的，实现城市更新和城市的综合发展。

第三节 城市更新与功能提升

分析了城市更新与城市功能的内涵，提出城市更新原则和城市更新中功能提升的途径与方法，在城市更新中要充分利用现有资源，开发潜在空间，注重社会价值和经济价值并重，延续城市文化传承。城市更新后要求交通更加便利，促进相关产业发展，提高城市发展水平。

城市更新主要是指将城市发展过程中未能满足现代化生活的地区在可持续发展理念下进行的必要的改建活动。荷兰曾在 1985 年 8 月第一次城市更新研讨会上提出了一些关于城市更新的建议。常年居住在城市的人们对个人所处的建筑物环境和出行等方面存在不满，并希望通过一些改进，给自身营造更为舒适安逸的环境，这是城市更新的一部分。

城市功能也被称为城市的职能或者城市的作用，城市功能之间的差异是由多种因素造成的，城市的功能可以对一定范围地区的政治、经济、文化等方面造成一定的影响。城市的功能多种多样，也有其各自的特色。其中，城市的普遍功能是最常见的，也是城市建造过程中普遍具有的功能，以强调各城市之间的共性，进而更准确地区分农村和城市。

一、城市更新原则

城市更新目的是给人们的生活提供方便，应选择合理的方式对城市进行改造。人们对“自上而下”和“自下而上”方式持有不同的观点，二者各有利弊。有些人认为“自下而上”是比较好的方式，因为这种方式在城市更新过程中可以弥补城市功能细小的缺陷和不足，侧重于细节功能的完善程度和怎样更新等问题。这个观念虽然比较实际，但是在城市更新建造过程中很多人都在坚持用“自上而下”的方式，因为“自下而上”方式是站在城市整体的角度上来看，可以在一定程度上提高和改善城市的根本功能，对提高城市的综合竞争力有明显的作用。在城市更新过程中，要合理安排局部和整体的分工，使二者契合，并以大局为重，不给城市发展“拖后腿”。

以城市部分居民地区的停车问题为例，有些地区只注重设计和规划停车数量，却忽略了现有的空间布局，使其不能在根本上解决车辆问题。因此，可以选择站在宏观的角度，系统地管理总规划和分区规划，并就此问题对城市中一定范围内的车辆问题进行更新，进而弥补之前的缺陷，促进城市向更好的方向发展。

二、城市更新和功能提升的途径与方法

（一）充分利用现有资源

在遵循可持续发展理念的基础上，充分利用现有资源对城市进行改造和更新是合理的。可以对部分地区进行重建和再开发，拆除原有的建筑物，同时根据城市的发展规律和需求，重新设计城市布局，使改造后的城市与现代经济发展水平相契合，但是这种方式投资大，成本高，面临的不确定因素多，风险较大。

（二）开发潜在空间

开发潜在空间对较小地区或房间来说意义重大。例如，日本这样国土面积较小的国家，应合理且充分地利用地表资源，建造多层楼房，而不要局限于别墅，还应合理利用地下资源，例如，建造地下旅游景点、地下通道或者地下商场等。居民住宅可以使用一些节省空间的家居用品。在当代经济发展水平下，提高空间利用率会避免很多问题，也对我国现阶段的经济发展起到一定的促进作用。

（三）注重价值

社会价值和经济价值是我国发展过程中必不可少的内容。我国是一个注重发展经济的国家，因此，在城市更新过程中将经济发展作为首要任务，对城市更新做进一步的设计和规划。虽然经济很重要，但也不能忽视社会价值，只有二者相辅相成，才不会使城市停滞发展。北京经过长达 8 年的时间，对城市设施进行多方位改造，虽然其改造周期长，但有效保障了城市的公共利益。

（四）城市文化的传承

由于人们居住的地区可能会有很多文物并未被列入关注对象的行列之中，因此，政府在进行城市更新时更应该注重文物（如优秀的近代建筑和历史文化街区等）的保护，这是城市的重要组成部分，通过文物保护情况甚至可以很直观地看出一个城市的建造发展过程。例如，在 1960—1970 年，因一些建筑缺乏特色，并且质量没有保障而被拆除，可能导致城市在发展过程中出现“断片”的情况。在没有明文规定这些建筑需要保留时，当地的产权单位就成了这个建筑拆除与否的决定者。对于这

种现象，城市可以结合自身条件合理规划城市的发展方向，制定文物保护措施，以便延续城市的文化。

三、城市更新后功能的改变

（一）交通更加便利

城市功能的不断提升会加快现代化交通的建设，增加政府部门对城市交通的宏观调控，并就现有交通存在的问题和缺陷做进一步的改善。在国家法律法规的指引下，针对城市的交通问题制定便于城市交通发展的地方性法规，打破传统的观念，将铁路、航空、水运和陆运等交通方式相结合，彼此之间相互协作，建立数字化交通系统，使城市之间的连接更加便利、快捷，进而实现各种交通方式互利共生的目标。

（二）城市发展水平的不断提高

城市的不断更新促进社会经济的发展水平，二者相辅相成，共同进步。城市更新带动了城市主导产业的发展和壮大，同时对一些实力较强的企业有了更高的要求，促进了企业的发展，从而带动了整个城市的经济发展。同时，企业在发展过程中引进的一些先进技术，为公司的生产活动带来了便利，也提高了员工的工作效率。

（三）促进相关产业的发展

我国一直很重视主导产业和新兴产业，主导产业就是企业的装备制造和副产品加工等。城市更新时要注重主导产业的发展，不断引进先进的技术，研发出一系列科技创新产品，在发展的同时不断向有发展前景的领域延伸，如服务业、健康行业及美容行业等。加大对大企业的关注力度，将局部优化和产业升级作为公司发展的核心，促进城市经济的发展。对于新兴产业，要将新能源、新材料、新医药和物联网等作为重点内容向城市推进，以便促进城市的发展。加大对新兴产业的投入和研究，为一些新兴技术提供必要的物质需求。加大新型产业园的建设，加快新兴产业的聚集发展，进而有效增强城市的创新功能。

城市更新是城镇建设进入存量时期的必经阶段，在未来的几年、几十年甚至更长一段时间，我国的城镇化将进入以提升质量为主的转型发展新阶段，我国政府将加快出台关于城市更新的相关规划和政策，解决部分地区用地紧张等问题。总之，不同城市的发展状况不同，需求也各不相同，当地政府应根据现有的经济发展状况和城市发展过程中存在的问题，制定该城市更新所需的科学合理的发展结构框架。

第四节　城市更新经济效应

城市更新过程作为对城市经济发展的自我调节的一部分，是为了促进城市持续发展的过程。从棚户区危房改造、环境治理到老区综合改建等，我国城市已经根据各自的特点和面临的实际情况，开展了大胆的探索与实践。实践证明，城市更新产业具有较强的经济效应。基于此，本文主要研究了我国城市更新产业的经济效应。内容上，首先对城市更新的定义与内涵进行了简述；其次从城市更新已具备成为重要经济增长点、现阶段我国城市更新的主要经济效应、现阶段城市更新工作中面临的主要问题三个维度梳理归纳了当前我国城市更新产业的现状；最后根据当前现实问题，有针对性地从协调城市更新价值目标体系、健全城市更新法律法规体系和构建城市更新技术标准体系三个方面对优化我国城市更新产业经济效应路径进行了分析。

当下，城市发展由增量运营转向存量运营，“城市更新”成为解决城市扩张受限、城市房屋建筑破旧及设施环境落后等问题，提升城市效率、带动城市经济发展和转型的主要驱动力。在这个过程中，会出现由城市更新产业带来的新要求、新机会、新挑战。从中长期的角度来看，城市更新中我们应该做好保持城市更新经济效益、社会效益、环境效益三者之间的平衡。未来，城市更新将作为城市综合运营的一个主要方式而存在，新产业、新人群、新环境、新金融是其新内涵，未来会形成产业服务、城市运营和金融资本协同作用的模式。

根据《深圳市城市更新办法》及《上海市城市更新实施办法》，城市更新的定义可以简单地理解为：一是对现有城市建成区的既有老旧房屋及其公共设施改扩建；二是对现有城市建成区的既有房屋及其公共设施改扩建；三是对现有城市建成区的既有老旧房屋及其公共设施的维修保护。

一、当前我国城市更新产业的经济效应现状

（一）城市更新产业已成为重要经济增长点

城市更新已经逐渐成了城市实体经济发展的新支柱和增长点。目前，城市更新已经快速分化，呈现出众多比较细分的市场，有一些聚焦前期开发服务与房地产运

营管理的大型企业，如与中央和地方人民政府共同确立的PPP战略合作发展模式的北京华夏幸福。也可能还有一些聚焦于棚户区改造房地产开发的大型传统房地产开发商，例如北京万科、远洋、阳光城等传统房企。同时随着多主体协同供应，租购与销售并举等房地产开发行业的结构性调整，以及改革新政的实施和引导，也逐渐滋生了诸如一些聚焦棚户区改造低坪效办公空间的大型联合房地产办公企业，如北京优客工场、氪空间。聚焦于长租公寓的新型房地产品牌，如广州万科泊寓等。

（二）现阶段我国城市更新的主要经济效应

现阶段我国城市更新的主要经济效应主要表现在以下四个方面。一是拉动投资效应。城市更新能够有效带动勘探（地质勘探、打桩）、建筑设计、景观设计、建筑业、建材、消防、监理、装潢设计施工、房地产中介服务机构、广告公司、银行（项目贷款或按揭贷款等）业务开展。二是进一步清理盘活国有农村经济集体企业国有资产。村股份公司以其合法经营拥有的农村集体土地和农村物业所有人等权益的具体形式直接参与依法经营参加城市更新管理活动，这不仅是当前新农村集团股份有限公司利用集体国有资产依法经营参与城市更新管理活动最重要的组成部分，也是其逐步实现推动农村经济、集体企业、国有资产经营持续健康保值、稳定增值的重要政策手段和有效路径。三是产业结构调整带动效应。城市更新是在原有基础上的创新和升级，是从过去的粗放发展转为集约管理，有助于刺激相关产业进行创新以满足城市更新的需求。四是城市功能提升效应。通过城市更新管理运营有助于打造以新兴产业为内核的现代都市产业综合体，提升区域竞争力，为完善城市功能、推动城市发展注入新动力。

（三）现阶段城市更新工作中面临的主要问题

首先，缺乏识别改造需求的统一标准，城市更新项目体量大、涉及部门多、牵涉权益方广，但因各部门和企业之间按照内部协商的改造需求统一标准，企业追求经济效益，缺乏社会效益和环境效益的均衡考量。对一些虽然经济效益偏低，但具有良好社会效益并满足环境效益的项目推动积极性不高，导致城市更新未能有效协调各方利益，不能很好地满足人民群众日益增长的对良好居住条件、便利生活方式、绿色生活环境的需求，实施协调城市更新价值目标体系势在必行。

其次，缺乏相关法律法规制度体系的有力保障和支撑，特别是我国城市更新项目发展产业项目建设过程中有关土地的退出与城市更新、土地使用收益分配与规定等关键问题仍缺乏相关法律法规的支撑，土地的用途与城市规划结构功能转换的问题甚至某种程度上受到了现有的土地和城市规划结构方面相关法律法规的约束和限制，同时存在部分国家和地方法规的条文烦琐、多头管理、标准不一致等法律制度问题，这些法律制度的问题极大地影响了近年来我国土地和城市更新技术产业项目的顺利推进和我国城市更新技术产业的持续健康发展。

最后，缺乏一套科学合理确定城市更新建设增量的新理论和技术手段。一方面，与城市更新传统的建设工程项目相比，城市更新传统建设项目在安全、消防、水暖、机电、交通等专业技术方面往往具有明显的专业技术优势和区别；另一方面，城市更新传统建设项目往往还需要一个涉及节能、人文、智慧、景观等诸多方面的专业技术工作管理系统，每个工作系统都相对应有其自身相对应的技术标准规范与技术指南。然而，我国更新产业现存的新理论和技术标准无法很好地满足我国城市更新传统建设项目的实际发展需要。因此我国更新产业亟需进一步构建针对我国城市更新传统建设项目的客观发展实际的新理论和技术标准规范体系，以契合我国的城市更新传统建设产业当前与未来的实际发展。

二、优化我国城市更新产业经济效应路径分析①

（一）协调城市更新价值目标体系

目前，我国许多城市推进城市更新的发展目标主要侧重于从根本上解决城市土地开发利用成本低效等结构性问题，虽然一些前沿的城市已经充分强调了完善城市的功能、提升城市的活力，但是在现有的政策中没有根据未来中长期的促进城市可持续发展的规划设计，确定城市更新的长远发展方向和目标，未将促进城市更新的发展上升至与促进城市的可持续发展目标相融合的战略性层面。因此要协调对城市更新在建设项目规划维度、片区规划维度、城市整体规划维度的共同价值导向认知，均衡维护城市建筑虚拟实体空间和社会经济虚拟实体空间各方的共同利益，有效保障和推动城市更新及其相关产业的长远可持续发展。

（二）健全城市更新法律法规体系

要加快建立完善城市更新法律法规和政策保障机制，根据城市更新的新实际情况、新的特点，加强顶层设计和优化整体政策布局，提高城市更新政策法规的时效

① 王洪进 . 我国城市更新中的困境与策略分析 [J]. 中国房地产业，2020（14）：11.

性和政策的系统性，建立高效的城市政策反馈和监督机制，简化政府工作流程、提高效率。如深圳自2009年全面正式启动城市更新试点工作以来，市人民政府先后出台和印发了《深圳市城市更新办法》《深圳市城市更新办法实施细则》等一系列城市更新政府规章和城市更新规范性政策文件，取得了显著成效。现阶段，应进一步丰富城市更新法律法规体系规章法律层级，确认城市更新产业中的敏感复杂权属，解决城市更新项目推进滞缓、拆除缺乏强制措施、补偿缺乏定量标准、公众参与和理解程度不够、更新项目难以顺利实施等制约城市更新工作有效推进的问题，通过地方立法进行规范和引领等，进一步激发我国城市更新产业的经济效应。

（三）构建城市更新技术标准体系

为进一步地优化我国发展城市更新技术产业的宏观经济和社会效应，通用更新技术标准的制定能够有效使得我国的城市更新具有较强的可持续操作和经济可实施性，为此，应进一步建立与扩展旨在完善我国城市更新产业技术标准的应用体系。一是构建我国城市更新技术产业发展过程中，对产业涉及的城市给水、排水、供电、通信、供热、燃气、环境卫生、环境资源保护、防洪、地下空间的开发利用和其他涉及人防、消防、抗震防灾等诸多领域的专业城市更新技术标准通用规范体系。二是进一步研究构建我国社会主义现代城市更新和旅游产业融合发展建设过程中，国家历史遗迹文化名城建设保护的过程技术标准和过程规范管理体系。地方各级政府部门应在2005年1月颁布的《历史文化名城保护规划规范》的主要内容基础上，进一步研究构建与我国历史人物文化名城相关的历史名城景区保护规划技术标准和管理规范服务体系，更好地保护城市历史建筑，使历史文化保护在城市更新过程中进一步得到充实和完善。

城市的持续发展和有限的土地资源使城市更新成为必然趋势。城市更新过程中要综合考察布局和规模，从生态、游憩和审美出发，从保存自然景观和协调城乡发展的目标出发，对国家森林风景区、休养休闲胜地、自然保护区、防护绿地等现代化建设风景区技术标准项目进行系统设计和规划。本文针对性地从协调城市更新价值目标体系、健全城市更新法律法规体系和构建城市更新技术标准体系三个方面提出优化建议，对于改善我国城市更新产业经济效应路径具有一定的理论指导意义。

第五节 城市更新的耦合效应

城市是有生命的，城市的生命不仅在于它是人类的栖居之所，更在于它如有机体一样随着环境而改变，经历形成、发展、成熟、衰退或复兴等过程。任何一座城市自始至终都会面临一个共同的主题，那就是生存、竞争和兴盛、繁荣，应该如何完成自我更新，以避免日渐丧失可识别性乃至消亡的危险。从广义上说，城市更新作为城市新陈代谢的核心工具，是缓解城市经济衰退、社会矛盾、文化冲突，实现可持续发展的必经之路，贯穿城市文明始终。但是，大规模、短周期、高频率的城市更新政策和实践行动则最早出现在20世纪的欧美工业化国家。尤其是“二战”后许多城市普遍面临着修复和转型的问题，不同城市根据自身资源和经济特点，推出了多元的城市更新政策和方法。从最初大规模、大片区“推倒重建”，到小规模、分阶段和渐进式改善；从以政府为主导到政府、企业、社会等多元主体共同参与；从注重物质改善、经济提升，到注重解决社会问题、满足情感诉求。世界城市更新运动总体呈现出一种大的趋势，那就是更加倡导“人本主义”精神，关注城市内涵与品质的提升。

近年来，随着文化和旅游部的组建，文旅融合作为一种新的指导思路和新的理论命题，与城市更新产生了积极的互动。文旅融合的内在逻辑是“旅游者主体与文化旅游的客体之间的互动关系建构”“超越了传统的静态文化和旅游观，体现了旅游行为引发文化体验、主体参与旅游体裁创造过程的互动性和互渗性特征”。一方面，文化赋予城市旅游以灵魂和内涵，提供丰富的文化旅游产品和服务；另一方面，旅游则为城市文化提供了载体和市场，让城市资源发挥最大的经济和社会效益。在笔者看来，文旅融合对于城市更新而言，至少包含了三个非常重要的内涵：其一，文旅融合作为激发经济活力的一种手段，是城市寻求经济转型的重要方向；其二，文旅融合是强化身份认同的有效通道，是构建新型城市社会关系的重要媒介；其三，文旅融合对城市资源的整合、连接和改造，是延续城市文脉、提升城市内涵的重要手段。而这三个方面，恰恰是后工业时代城市更新要面对的三大难题。换言之，文旅融合与城市更新有着诸多内涵与目标的一致性，前者对后者的介入，能够产生诸多积极的耦合效应。

一、产业升级：文旅融合促进城市经济转型

城市更新要面对的第一个难题，是如何消除阻碍经济增长的不利因素，以实现城市稳定有序发展。这是城市更新的起因，也是城市发展行稳致远的关键。

自古以来，城市就是经济繁荣的象征，经济兴则城市兴，经济衰则城市衰。在过去两百多年中，西方发达国家首先诞生了一批典型的“工业城市”，如曼彻斯特、格拉斯哥、柏林、底特律、纽约、东京等，创造了人类有史以来物质最富饶的“黄金时代”。城市的兴衰同其经济发展息息相关，这种关系根源于城市产业结构周期性的更迭。随着人类社会迈入“后工业时代”，知识、信息逐渐取代体力劳动、能源，成为城市最重要的创新动力，许多发达工业国家如美国、德国、日本的产业结构迅速进行调整。由于就业机会减少，大量人口外迁，制造业集中的城市出现严重衰退的现象，工厂大量倒闭，市场进一步萎缩。以美国为例，“二战”后西部和南部的新兴地区崛起，形成所谓“阳光带”，而制造业相对集中的东北部和中西部经济增长乏力，一度被称为“冰雪带”和“霜冻带”。其他地区如法国的里尔和里昂，德国的梅泽堡和鲁尔区，英格兰中部以伯明翰为中心的工业地区和美国东部沿海平原等，都不同程度地进入了衰退期。中国的工业化进程虽然起步较晚，但在社会经济快速迭代的当下，也不得不面临着产业转型的问题。20世纪80年代以后，中国的老工业基地，如沈阳、长春、哈尔滨、西安、重庆、武汉等城市出现了明显的衰退迹象，表现为经济增长乏力，技术进步相对缓慢，设备老化严重，工业优势地位逐渐丧失。

在新一轮科技革命推动下，以消耗物质资源、粗放式的城市经济增长模式逐渐退出舞台。面对工业经济的衰退，很多发达城市的经济开始向价值链的上游转型，将发展第三产业作为城市复兴计划的重中之重来对待。这导致城市更新的动力与方式也发生了很大的变化，关注点从早期单纯的物质形式更新转向了城市经济、社会、文化形态的整体性更新，其中最引人注目的当属文化和旅游产业的崛起。从全球范围来看，文化产业已经成为世界经济的主要贡献者和数字经济的主要驱动力，旅游业正在成长为占全球GDP10%以上的产业。随着科技水平和生产力的进一步提升，人均教育文化娱乐消费支出大幅增加，大量闲暇时间被创造出来，这为文化和旅游产业逐渐成为城市新的经济增长空间提供了机遇和条件。无论是以德国北威州为代表的“欧洲工业中心”实现城市集体转型，还是英国的格拉斯哥变身时尚之都，抑或美国“钢铁之都”匹兹堡实现华丽转身，它们都纷纷将文化

和旅游作为城市产业转型升级的主要抓手。随着中国经济发展进入新常态，许多工业城市处在新旧动能转换的关键期，以大庆、大同、克拉玛依、马鞍山、平顶山、焦作等为代表的资源型城市也纷纷依托自身优势，大力发展文化旅游产业，积极推动经济转型升级。据统计，2019 年全国规模以上文化及相关产业企业实现营业收入 86624 亿元，按可比口径比上年增长 7.0%，持续保持较快增长。旅游业对 GDP 的综合贡献为 10.94 万亿元，占 GDP 总量的 11.05%。尽管 2020 年受新冠疫情影响，文化和旅游业遭受巨大冲击，但是未来文化和旅游增长空间仍然巨大。

文旅融合不仅意味着在原有“食、住、行、游、购、娱”的基础上加入“文化”元素，而且突破各自边界的束缚，调集生产要素集聚和创新主体参与，从而开辟新空间、创造新需求、衍生新业态、发现新价值。以成都为例，作为国家历史文化名城，古蜀文明发祥地，有着深厚的文化积淀。20 世纪 50 年代，按照“一五”计划，成都被确定为全国工业建设 8 个重点城市之一，重点建设电子工业和机械工业，走上了工业城市的道路。然而，在老工业基地和整个城市转型发展的进程中，成都实现了从工业城市向世界文创名城、旅游名城、赛事名城和国际音乐之都、会展之都、美食之都的转型。2019 年，成都三次产业结构为 3.6 ∶ 30.8 ∶ 65.6，第三产业实现增加值 11155.86 亿元，其中旅游总收入达 4650 亿元，贡献了近一半的经济收入。文旅融合介入城市更新，使得成都的符号已不再停留于具象事物，它转变成一个可以让人感知到其背后富足、休闲、生活和工作平衡等文化特质的城市。

从国家“五位一体”总体布局来看，将资源型城市转型升级为经济活力迸发、人居环境优美、社会和谐进步的创新型城市，是加快转变经济发展方式的一项重要任务。国务院印发的《全国资源型城市可持续发展规划（2013—2020 年）》显示，中国有 262 个资源型城市被列入规划范围。面对资源型城市转型发展内生动力不强、可持续发展压力较大等问题，以文旅融合培育壮大接续替代产业，加快发展现代服务业，可以在城市经济增长趋于平缓或低迷不前时，为城市新旧动能转换带来生机。作为“朝阳产业”和“绿色产业”，发展文化和旅游产业不仅可以转变经济发展方式，使得资源型城市生态环境和人居环境质量显著提升，而且可以拓宽体验经济、网红经济、夜间经济等多元经济类型。例如，根据中国旅游研究院公布的《夜间旅游市场数据报告 2019》显示，国内旅游平均停留时间为三天，连续三晚愿意体验夜游的受访者达到 26%，选择两晚的受访者占到 53%，不愿出游的受访者仅占 2%。这说明，夜游的魅力深深地吸引着来自全国各地的游客，有助于拉动经济快速增长，提高旅游城市的竞争力和吸引力，拓展城市的文化消费空间。可以说，文旅融合进一步开拓了文化产业和旅游产业的资源、制度和创新红利，大幅提升了“以文促旅，以旅彰文”的工作效率，为推动城市经济转型升级发挥着重要作用。

二、身份认同：文旅融合改善城市社会关系

城市更新要面对的第二个难题是如何改善城市居民的生存环境，完善公共服务体系，维护公共利益。这是城市更新的应有之义，也是塑造良好的城市社会关系的关键。

城市是经济繁荣之地、文化交汇之地，也通常是矛盾冲突之地。从社会层面来看，工业时代高速发展带来的“城市病”并不会因为城市进入“后工业时代”而消失，城市光鲜亮丽、充满活力的一面并不能遮盖其阴暗地带和城市问题。可以说，无论是发达国家还是发展中国家，每一个城市，或多或少都有着“焦炭城”特点的烙印。从表面上看，城市更新的对象是城市问题集中的社区、建筑、交通设施、卫生环境等“硬件”，但实际上更新的是精神、氛围、节奏、性格等“软件”。城市更新的本质是人与人、人与城市关系的更新。然而，过去城市以“工业主义”作为主要创造力，不仅使城市居住环境恶化，更使得城市距离合乎人性原则的理想目标越来越远了。早在 1933 年，国际现代建筑协会就制定了一个《城市规划大纲》，即著名的《雅典宪章》《雅典宪章》提出了城市功能分区和以人为本的思想，明确居住、工作、游憩与交通是城市的四项基本功能。为了使我们居住的城市更加美好，许多城市规划大师和理论家提出了各种各样的构想，如英国埃比尼泽 . 霍华德（Ebenezer Howard）提出的“田园城市”理论，法国勒 . 柯布西耶（Le Corbusier）提出的“城市集中主义”，美国埃列尔 . 萨里宁（Eliel Saarinen）提出的“有机疏散理论”，英国经济学 E.F. 舒马赫（E.F.Schumacher，）主张“以人为度的生活方式”，等等，他们都不同程度地强调了城市更新中人的重要性，认为城市应当关怀人和陶冶人，是一个爱的器官。

文旅融合作为一个术语，不仅仅是一个经济或产业的概念，它还包含了一个重要维度，就是通过将文化产业、旅游产业和公共文化服务融为一体，为市民不断拓展文化生活新空间。无论是新城建设还是旧区改造，城市更新都必须坚持以人民为中心，聚焦人民群众需求，努力创造宜业、宜居、宜乐、宜游的良好环境，让城市居民有更多获得感、幸福感和安全感。文旅融合在介入城市更新的过程当中，人的地位越来越得到凸显，因为人是文旅融合的主体，也是城市更新的最终落脚点，由

此可以给城市带来的是一种全新的社会关系再造。

一是个体与个体之间的关系。城市是由原子般分散的陌生人组成的社会，这种个体间的文化差异性，也为城市发展提供了源源不断的创造活力。刘易斯.芒福德十分重视城市的“对话”功能，在他看来，“若从较高的形式上给城市下一个定义的话，那么最好莫过说城市是一个专门用来进行有意义的谈话的最广泛场所”。无论是创意市集、文化园区、艺术场馆，还是音乐节、艺术展等各种类型的文化活动，这些公共空间都为个体提供更多聚集交流、思想碰撞和情感沟通的场所。因此，越来越多的城市更新项目将文旅融合的思维引入其中，以增加这种公共空间的创造性，使之成为城市社会的“黏合剂”。例如，北京首钢工业遗址公园、重庆洪崖洞的吊脚楼、武汉老码头上的知音号、上海杨浦滨江的“绿之丘”，这些文旅融合介入的城市更新项目，都使原来的城市空间焕然一新，成为一个集市政基础设施、商业、绿地、时尚街区或公共配套服务于一体的“新物种”，为人与人之间的连接提供了空间，实现了一般既有建筑的可持续利用，使得原本计划拆除的老建筑焕发生机。

二是个体与群体之间的关系。丹尼尔.贝尔指出，与前工业社会和工业社会相比，后工业化社会的中心是服务，因而它的首要目标是处理人际关系。后工业社会也是一个群体社会，其中的社会单位是团体组织，而不是个人。因此，城市个体与群体的融合度，考验城市更新的效果。因为城市更新是在打破旧关系基础上进行新关系的重塑，尤其当新个体进入原有的群体中，如何缩小距离感、增强归属感是城市更新要解决的核心问题。有学者认为，旅游者个体寻找文化身份认同是旅游与文化关系的起源，而文化变成旅游者的身份符号则使旅游与文化关系进一步强化。从这个角度来看，文旅融合是一个个体参与群体的过程，是强化个体与群体之间的纽带，有利于城市形成创意生态，吸引创意阶层流动与聚集。而城市更新的主要目的之一就是塑造一个个包容性更强、更多样和开放的社区和场景。例如，位于深圳的华侨城创造性地将原工业区改为文化创意园区的想法，积极引进各类型创意产业，使工业区内的原厂房得以保存的同时又衍生出更有朝气的产业经济。与此同时，园区通过举办创意市集、音乐节、电影展映、公共艺术展等文化活动，吸引市民前来参与，将其拓展成为一个城市文化空间。

三是群体与群体之间的关系。城市更新的目的不仅仅在于服务城市本身，而且是相对于“他者”而言的。将“他者”与城市产生关联，是彰显城市身份的一个有效途径。这与文化和旅游部提出以文旅融合丰富对外文化交流内容的目标不谋而合。

城市是文化的容器，也因文化而异，文化是“他者”寻找身份认同的原始动力。过去由于不同群体之间相对隔绝，流动不畅，往往会让人们形成对一个城市或地区的刻板印象，并不利于城市乃至国家形象的构建。随着大众旅游时代的到来，文旅融合成为促进不同城市文化交流的最佳模式，即通过挖掘城市的文化符号，将其转化为旅游的吸引物，进而引发从“旅游”到“旅居”的转变，加深不同群体的融合。这对于缩小因为地域划分而造成的文化差异，建立不同城市群体间的共同记忆和文化认同无疑发挥着重要作用。无论是日本熊本县依托“熊本熊”IP 走向世界，被人们熟知和喜爱，还是乌镇以“历史遗产保护与开展”主题实现华丽变身，成为中国一张新名片，这些城市更新项目因为文化和旅游的介入，都被打造成为对外展示城市文化的窗口。

三、空间转化：文旅融合延续城市文化脉络

城市更新要面对的第三个难题是城市在拆建、修复、开发、扩张的过程中，如何梳理、继承与创新城市文化脉络。这是城市的灵魂，也是城市不可替代的、最难模仿的核心竞争力。

一般而言，城市的可持续发展有赖于三个系统：政治系统提供一个城市的基本脉络结构和制度框架，以及相应的规则、秩序，以保证社会的稳定与正常有效地运行；经济系统提供市民赖以生存、发展的物质文明与物质成果；文化系统提供维系社会共同的价值观、道德风尚、法律法规和艺术景观。三个系统相互配合，各有侧重。20 世纪 60 年代以来，世界城市的竞争格局呈现出一个新的趋势，那就是占有主导地位的城市不仅要有经济硬指标，还要有文化软实力。城市发展的走向从以物为中心走向以人为中心，构成了当前城市更新的主要趋势。因为基于文化的优势是最根本的、最持久的和最核心的竞争优势。然而，城市在从“功能城市”走向“文化城市”的过程中，难以避免地产生现代与后现代、本土与外来文化的冲突。而对于现代化水平非常高的工业城市而言，它们在向创新型城市转型的过程当中，如何让工业文明得以延续，是一个重要课题。

城市工业经济的衰退通常有两条解决路径：一种是企业寻求新变，通过技术升级或业务拓展渡过难关；另一种是旧工业遭淘汰或已完成使命，工厂被迫关闭或迁移。后者形成了一种独特的城市空间——工业遗产，即“具有历史、技术、社会、建筑或科学价值的工业文化遗迹，包括建筑和机械，厂房，生产作坊和工厂矿场，

以及加工提炼遗址，仓库货栈，生产、转换和使用的场所，交通运输及其基础设施，以及用于住所、宗教崇拜或教育等和工业相关的社会活动场所”。在张猛导演的电影《钢的琴》中有这样一幕经典镜头：一群老钢铁厂员工站在远处的山坡上等待两根烟囱的爆破，随着一声巨响，仿佛那个时代符号和集体回忆也随之烟消云散了。显然，这些工业文明留下来的遗产虽然与城市的发展格格不入，但其所具有的纪念、教育、文化和象征价值是不容忽视的。于是许多工业城市在城市更新的过程中将烟囱、厂房、码头等保留下来，通过创意改造，保留了城市独特的记忆。20 世纪 60 年代以来，以英国、德国、法国等为代表的老牌工业国家提出要对工业遗迹和遗物加以记录和保存，随后得到国际组织的呼应，全球更是展开了意义深远的工业遗产保护行动。在世界范围内，如拉莫斯贝格矿山、索尔泰尔工业区、加拿大里多运河、旁特斯沃泰水道桥与运河、波托西城等都是极具代表性的工业遗产景观。对于像中国这样工业化建设非常晚的国家而言，保护行动也十分应景，出台了各种政策。2019 年 11 月，习近平总书记在上海杨浦滨江考察时特别强调，要妥善处理好保护和发展的关系，注重延续城市历史文脉，要“像对待‘老人’一样尊重和善待城市中的老建筑”。2020 年 6 月，国家发改委等五部门联合印发《推动老工业城市工业遗产保护利用实施方案》，旨在加快推进老工业城市工业遗产保护利用，促进城市更新改造，探索老工业城市转型发展新路径。

工业遗产本是冷冰冰的与文化价值无关甚至相背离的时代产物，却在城市更新中转化为城市文化的一部分，被赋予了深刻的文化意义，实现了空间的再生产。在这一有效保护与合理利用结合的模式当中，基于工业遗产的文旅融合做法最为主流，也是最能体现工业遗产价值的开发手段。因为单从经济层面来讲，这些工业遗产已经无法创造出经济价值，但是通常占据着城市非常好的资源，如处在城市核心地段，拥有大面积的建设用地，周边交通发达，聚集着密集人群等。文化产业和旅游产业的介入，使大量工业遗产变成了创意空间、主题博物馆、艺术区、创意产业园、休闲和时尚娱乐中心，让原本突兀的、计划拆除的工业遗产融入城市经济文化生活当中。如美国纽约的高线公园、苏荷区，英国伦敦的金丝雀码头、巴特西发电站，德国的杜伊斯堡内港、日本六本木之丘、法国的南特岛等，都通过城市更新项目打造成了当地的文化高地。国内则有北京 798 艺术区、上海 8 号桥、武汉“汉阳造”艺术区、中山岐江公园、青岛啤酒博物馆、景德镇陶溪川、深圳蛇口价值工厂等成功的城市更新项目，体现了文化和旅游对工业遗产的改造力量，走出了一条以工业遗产为载体的体验式旅游、研学旅行、休闲旅游精品线路，形成生产、旅游、教育、休闲一体化的工业文化旅游新模式。

工业遗产是工业文明的见证，是工业文化的载体，是人类文化遗产的重要组成部分。它既有历史符号的意义，又有承载文化的建筑空间。文旅融合的介入，使得工业遗产成为凸显城市身份的重要符号，既延续了城市文化脉络，又赋予了这些空间以新的内涵。这些工业遗产与现代富有商业气息的景观形成了鲜明的对比，对于识别、记录和研究一个地区工业遗存和历史信息提供了丰富的参照物，宝贵的精神文化财富得到保护传承。例如，作为见证上海百年工业的杨浦滨江，有着中国当时最早最大的发电厂、水厂、煤气厂、棉纺厂、造纸厂等，担当着引领中华人民共和国工业化建设的重要角色，承载着几代人的故事和记忆，被称为“中国近代工业文明长廊”。如今，上海在城市经济转型的过程中，对杨浦滨江按照“以工业传承为核心，打造历史感、生态型、生活化、智慧型的杨浦滨江公共空间滨水岸线”的思路进行城市更新，把船坞、装卸码头、吊机、轨道等重工业元素嵌入滨江公共空间，解决了“临江不见江”的空间难题，实现了从昔日的“工业锈带”到“生活秀带”，从封闭生产岸线到开放生活岸线的转变，将两岸公共空间营造成上海的“城市会客厅”，成为新的城市文化标志。由此可见，文旅融合与工业遗产的有机结合，可以有效避免城市工业文脉的中断，不仅保留了具有历史文化价值的工业建筑，而且通过传统与现代、东方与西洋、经典与流行的融汇，为城市增添了历史与未来交融的文化景观，为塑造城市文明新形象发挥了重要作用。

文旅融合之所以能够介入城市更新，是因为二者在经济、社会、文化三个层面具有高度的相关性，并在实践过程中产生了广泛的耦合效应。从微观层面看，它反映了城市在产业结构调整、社会关系优化、文化内涵提升等方面的城市治理现代化水平；从宏观层面看，它是中国坚持“生态文明”建设，走内涵式、集约型、绿色化高质量发展之路的生动注脚。文旅融合介入城市更新的难点并不在于城市更新本身，而在于文旅融合的深度和广度。因为文化和旅游之间并非天然就是互补而不存在差异的，也不是必然就可以融合的，无论是文化对旅游的捆绑，还是旅游对文化的过度开发，都会给城市更新带来负面效应。只有厘清了文化和旅游的关系，我们才说它介入城市更新是有效的，否则就会造成对城市原有经济、社会和空间关系的破坏。因此，文旅融合与城市更新需要在以下几个方面达成一致：一是坚持以人民为中心，以满足市民对城市美好生活为向导；二是坚持“宜融则融，能融尽融”的原则，找到文化、旅游和城市更新的最佳连接点；三是平衡好政府与市场、文化与旅游、更新与保护的关系，实现社会效益与经济效益的高度统一。只有这样，才能最大限度地发挥文旅融合介入城市更新的耦合效应，产生推动城市可持续发展的生产力。

第六节　城市更新推进城市转型发展

城市有机更新作为城市改造、再生和复兴的重要手段及关键举措，成为推动城市空间合理布局及产业转型升级、保证城市可持续发展的重要选择，以及成为现阶段提高土地利用效率、提升城市综合竞争力、优化城市空间形态和改善居住生态环境的重要途径。本文以创新思路和方法探索城市更新推进城市转型发展的具体实施路径。

更新是城市的存在形式，也是城市的发展之道。城市犹如一个不断演化的巨系统，依靠不停的“新陈代谢”推动自身的发展与演变。随着城市化的快速推进，城市在快速发展的同时也带来诸如城市用地供需矛盾突出、人口密集、交通拥堵、基础设施老化和城市功能布局不合理等问题，城市更新日益受到关注。

以城市更新推进城市转型发展是未来一段时间我国大多数城市自我完善的一条现实路径，也是城市可持续发展和集约发展的必然要求，因此需要对城市规划和管理进行创新。

一、创新机制，多方合力推进城市更新

（一）成立城市更新组织机构

成立市级城市更新领导小组，以统筹、统一城市更新的管理及规划，提高行政效率，明确分工和职责，厘清各级政府、主管部门、相关职能部门的职责分工，明确责任主体，推进事权下放，市级层面做好统筹指导监管，放管结合。

（二）创新城市更新操作模式

遵循“政府统筹、市场运作、规划引领、公益优先、公众参与”的城市更新操作模式，明确事权，权责对应。鼓励多元参与，调动土地权利人和市场主体参与城市更新，实现政府主导、市场运作、业主自改、合作更新等多种方式共同推进更新

实施。创新融资模式，推进设立城市有机更新基金，加大财政支持力度，发挥金融支持作用，通过多种方式激发市场主体参与城市建设积极性。提高审批效率，全面梳理城市更新审批事项，规范审批程序，完善审批流程，缩短行政“链条”，为城市更新项目提供高效的审批及服务。加强实施监管，进一步完善更新项目的批后监管，逐步健全动态监管与实施绩效考核机制，将城市更新工作推进情况纳入各相关单位绩效考核。

（三）鼓励公众参与城市更新

充分发挥政府、社区、企业等多方动力，探索合作推进城市更新的实施路径。建立互动开放的城市更新公众参与制度，将公众参与贯穿于政策出台、计划制定、规划编制、项目实施与监管的全过程，形成多方互动、和谐共赢的社会参与机制。

二、建章立制，健全城市更新政策体系

（一）健全城市更新政策体系

推进城市更新立法，对城市更新的适用范围、工作原则、管理分工、管理制度、运作程序、技术要求、公众参与、相关政策等做出规范性规定，为城市更新顺利实施提供制度保障。完善相关政策体系，进一步完善市区城市更新有关的规划、土地、税收、产业、拆迁补偿、保障房等政策，建立涵盖法规、政策、技术和操作层面的更新政策体系。

（二）建立城市更新管理机制

建立宏观（总规划层面）、中观（详规划层面）、微观（项目层面）三层次的更新规划管理体系，实现从宏观目标调控、中观统筹协调到微观开发控制层层传递的管理体系，全面加强城市更新的统筹引导作用。

（三）完善城市更新技术标准

进一步研究制定城市有机更新的相关技术规范和标准，对更新项目的土地使用、用地性质兼容性、开发强度、设施配套标准、环境建设等具体内容做出技术规定。

三、规划统筹，创新更新规划管控手段

（一）完善城市更新规划体系

建议建立“城市更新专项规划及城市更新单元规划”两级规划体系。即编制城市更新专项规划，确定城市有机更新的更新目标、更新方向、更新内容、更新策略、更新任务等内容；城市更新单元规划，深入研究单元内的更新开发容量、配套设施、利益平衡方案等内容。城市更新单元规划内容应通过控制性详细规划加以落实；城市设计引导，重点地段和历史文化街区内的城市更新项目，应结合控制性详细规划进一步编制城市设计，从城市风貌、空间景观、建筑设计、公共空间等方面提出引导。

（二）强化规划统筹引导作用

加强“多规合一”协调工作。在城市总体规划、控制性详细规划、近期建设规划、相关专项规划中，增加各个层面对城市有机更新的发展要求。

（三）加强规划实施跟踪评估

开展城市更新常态化的基础数据调查、管理及应用，城市更新公共服务平台，实现信息公开和共享，对城市更新规划内容应定期跟踪滚动调校，量化调控，准确制定政策，做好统筹协调。

四、因地制宜，科学制订更新行动计划

（一）创新城市更新实施类型

积极探索城市更新的合理模式与有效路径，多种模式并举，因地制宜地推动城市有机更新。建议按照整治型、提升型、改造型、保护型四类对城市更新类型进行探索和实践。整治型是指现有功能和建设格局基本不变的前提下，通过基础设施完善、环境整治等办法实施的更新方式；提升型是指维持现有建设格局基本不变的情况下，通过局部拆建、建筑物功能置换等对使用功能、业态进行调整的更新方式；改造型是指以拆除重建为主的更新方式；保护型是指对有保护价值的建筑和遗迹实施整治改善、保护、活化的更新方式。

（二）统筹调控城市更新实施

注重城市更新规模、结构比例和空间布局的合理安排与调控，合理进行城市更新规模的分配、任务分解与考核目标的安排。

（三）科学制订城市更新计划

建立“规划指导计划、计划指导操作”的城市更新管理机制，根据城市更新专项规划和城市更新单元规划，组织编制城市更新年度计划，科学、规范、有序指导城市更新工作的开展。

随着我国城市化进程加快，城市发展进入规模扩张与质量提升并重的新阶段。2015 年，中央城市工作会议提出了转变城市发展方式的要求，明确了“坚持集约发展，框定总量、限定容量、盘活存量、做优增量、提高质量”的重点工作任务，提倡“城市修补”。城市更新作为城市改造、再生和复兴的重要手段，必将受到地方政府和房地产行业的关注和重视。